对秦巴山区经济社会发展的点滴思考

徐晓宗 ◎ 编著

西南交通大学出版社
·成 都·

图书在版编目（ＣＩＰ）数据

对秦巴山区经济社会发展的点滴思考 / 徐晓宗编著.
—成都：西南交通大学出版社，2018.5
ISBN 978-7-5643-6108-2

Ⅰ.①对… Ⅱ.①徐… Ⅲ.①山区经济–区域经济发展–研究–陕西②山区–社会发展–研究–陕西 Ⅳ.①F127.41

中国版本图书馆 CIP 数据核字（2018）第 050334 号

对秦巴山区经济社会发展的点滴思考

徐晓宗　编著

责任编辑	武雅丽
封面设计	严春艳
出版发行	西南交通大学出版社 （四川省成都市二环路北一段 111 号 西南交通大学创新大厦 21 楼）
发行部电话	028-87600564　028-87600533
邮政编码	610031
网址	http://www.xnjdcbs.com
印刷	四川森林印务有限责任公司
成品尺寸	170 mm×230 mm
印张	11
字数	199 千
版次	2018 年 5 月第 1 版
印次	2018 年 5 月第 1 次
书号	ISBN 978-7-5643-6108-2
定价	48.00 元

课件咨询电话：028-87600533
图书如有印装质量问题　本社负责退换
版权所有　盗版必究　举报电话：028-87600562

前　言

秦巴山区是指秦岭山脉和大巴山脉地区，主体位于陕西省和四川省，这里既是革命老区，也是连片的特困地区和国家扶贫开发的重点地区。自1992年大学毕业以来，我在秦巴山区腹地的达州市已工作了25个年头。25年来，我先后担任过高校思想政治理论课教师、马列德育教研室主任、党委宣传部部长、基层人大代表等职，也被组织上选派到基层挂职副县长。2010—2011年，我到大竹县人民政府担任副县长，分工负责教育、卫生、科技、文体、广电、食品药品监督等工作。这一年的工作时间虽然短暂，但对我的思维方式产生了重大影响。如果说之前是在"象牙塔"内"坐而论道"的话，那么这之后我开始把思考问题的方向转向基层和民生，转向这片美丽而又依然贫瘠的秦巴地区。

2011年7月我返回学校工作后，围绕秦巴山区生态农业建设、老龄事业发展、乡镇社区治理、基层干部队伍建设、国有企业党建以及边远地区高校转型发展等问题进行了积极探索，向四川省社科联、四川省科技厅、四川省教育厅和达州市社科联等部门申报了相应项目，并得到了立项和经费上的大力支持。本书就是这些项目成果的汇编。全书分为四篇，第一篇是经济建设篇，第二篇是社会治理篇，第三篇是党的建设篇，第四篇是高等教育篇。本书没有高深的学问，也没有系统和严密的逻辑结构，只是一名普通的高校思想政治理论课教师对生活的这片土地经济社会发展的点滴思考。在本书的撰写过程中，原四川文理学院党委书记李万斌教授、院长孟兆怀教授对《瞄准应用：新建本科院校转型发展的必由之路》一文提出了很有价值的建议；我的同事、马克思主义学院刘永亮老师参与了《生态文明视域下达州市生态农业发展研究》和《城镇化背景下川东丘陵乡镇基层治理创新研究》两篇文章的部分书稿的撰写工作；我的学生、重庆市烟草公司的朱溟生对《人口老龄化背景下欠发达地区老龄事业发展研究——以达州市为视角》一文的撰写付出了大量心血；我的同事、马克思主义学院兰奎、罗大蒙参与了《达州城市社区治理现代化研究》的调研和部分文字的撰写工作；我的学生、泸州市委党校的欧露参与了《四川县级供电企业党组织建设研究——以达州市为例》课题的调研和资料收集工作，对他们的辛勤付出，我在此一并致谢。同时，感谢西南交通大学出版社为本书出版所做的努力。

2017 年 11 月于四川文理学院

目 录

·第一篇　经济建设篇·

生态文明视域下达州市生态农业发展研究 ·· 2
达州市基层农村"三村建设"的调查与思考 ·· 26
人口老龄化背景下欠发达地区老龄事业发展探究
　　——以达州市为视角 ·· 34

·第二篇　社会治理篇·

城镇化背景下川东丘陵乡镇基层治理创新研究 ··· 50
达州城市社区治理能力现代化研究 ·· 86

·第三篇　党的建设篇·

加强乡镇党政干部队伍建设研究
　　——以四川省大竹县为例 ··· 98
四川县级供电企业党组织建设研究
　　——以达州市为例 ·· 108
基层国有企业改革转型过程中的关键：抓好党建工作
　　——基于对川东某县级供电企业带来的思考 ·· 121
李林森先进事迹的表现及产生原因分析 ·· 126

·第四篇　高等教育篇·

高校深化中国梦宣传教育活动的意义和途径研究
　　——以四川文理学院为例……………………………………………… 138
美国高等教育的特点及对地方本科院校的启示………………………… 144
瞄准应用：新建本科院校转型发展的必由之路………………………… 151
川东地区红色资源在高校思想政治理论课中的应用…………………… 160

参考文献………………………………………………………………… 166

第一篇　经济建设篇

生态文明视域下达州市生态农业发展研究

生态文明建设已经成了当今中国经济社会发展迫切关注的问题。党的十八报告指出，面对资源约束趋紧、环境污染严重、生态系统退化的严峻形势，必须树立尊重自然、顺应自然、保护自然的生态文明理念，把生态文明建设放在突出地位，融入经济建设、政治建设、文化建设、社会建设各方面和全过程。2013年中央农村工作会议强调要"推进农村生态文明建设，加强农村生态建设、环境保护和综合整治，努力建设美丽乡村"。作为革命老区和位于秦巴山区的达州市，属于国家连片扶贫地区，处于后发的地位，其农业发展正处在由传统农业向现代农业迈进的过程，具有较强的可塑性。在大力倡导生态文明的今天，发展生态农业已成了达州市实现农业现代化的必由之路。

一、生态文明的含义及建设生态文明的必要性

生态文明是在可持续发展理论与实践基础上发展起来的文明形态。生态文明是人类改造生态环境、实现生态良性发展成果的总和，以尊重和维护生态环境为主旨，以可持续发展为根据，以未来人类持续发展为着眼点，强调自然界是人类生存与发展的基础，人与自然环境应实现和谐与共生。生态文明社会应该包括三个重要特征，即全民具有较高的环保意识；可持续的经济发展模式；人与自然和谐共生的社会状态。

生态文明是对工业文明的一种本质超越。工业文明时代是人类运用科学技术控制和改造自然取得空前胜利的时代，它的出现使人类和自然的关系发生了根本的转变，但与此同时，也引发了严重的生态危机：环境危机、能源危机、人口危机、原料危机等。更为严重的是，上述危机一般并不是孤立地表现出来，而是以"问题群"的形式展现在人类面前。坚持生态文明发展道路，是人类解决生态危机的长期理论和实践探索的必然产物，发展循环经济、绿色经济、生态经济和低碳经济成为各先进国家实现可持续发展的共同选择。

建设生态文明，是人类文明发展的基本趋势，也是当今中国经济社会发展的迫切要求。中国是一个人口众多，但人均资源占有量相当有限的国家，当前

处于工业化的中期阶段，人口、资源、环境的矛盾十分突出，大气污染、水污染、土壤污染在一些地方已相当严重，污染物排放总量日益增加，节能减排和废弃物的资源化、无害化处置工作进展不大。不注重环境保护的快速经济发展已经给一些地方造成了严重的环境灾难，传统发展模式带来的环境污染问题已达到危险的临界点。卫计委2007年5月8日公布，中国2006年城乡居民主要死亡的原因中，恶性肿瘤超过脑血管疾病居第一位，而呼吸系统疾病是农村地区居民的首位死因。中国恶性肿瘤发病率从1970年到2002年上升了近50%，其中肺癌死亡率增长了500%，而空气污染和水污染与恶性肿瘤中最高发的肺癌和消化道癌有着一定关系。在这种严峻的形势下，党的十八报告指出，面对环境污染严重、生态系统退化、资源约束趋紧的严峻形势，必须树立尊重自然、顺应自然、保护自然的生态文明理念，把生态文明建设放在突出地位，融入经济建设、政治建设、文化建设、社会建设的各方面和全过程。

二、发展生态农业，是建设生态文明的重要支点

农业生产为人类提供满足生存需要的动植物产品，是人类最早和最基本的生产活动，而人类进行农业生产难免要改变自然界的原生状态，引起自然界的变化。自工业革命以后，人类农业活动效率大大提高，与此同时，由于化肥、农药、农用薄膜等物品的大量使用，人类对自然界的改造力度大大加强，既涌现了大量有利于自然界生态平衡的人造物，如农田水利工程，也出现了大量破坏自然生态系统的现象，如水土流失、土地荒漠化、大气改变及水土污染等，使人类的自然生态面临着严峻挑战。

发展生态农业，是中国转变农业发展方式的有效选择。在农业的污染方面，目前中国已经是世界上最大的化肥、农药和农膜使用国。有关数据统计显示，中国每年化肥用量高达4 000多万吨，农药用量高达130万吨，农膜用量高达159万吨！这样的化学品高消费在支撑农业高产出的同时，也带来了高污染，已经达到了土壤、水源、大气立体污染的程度。20世纪许多河流出现了"60年代饮水淘菜，70年代洗衣灌溉，80年代水质变坏，90年代鱼虾绝代"的恶化趋势，水质性缺水进一步加重了一些地方水源性缺水的严重程度。饮水不安全导致了一些农村地区疾病的流行，食用了"毒大米""毒蔬菜"的人们不可避免地出现了以前很少见的疾病如氟斑牙病、氟骨症、肠道传染病、沙眼、恶性肿瘤、结石、皮肤病、血铅超标、重金属超标等多发、并发现象，部分水体有害物质具有致癌、致畸、致突变特性，个别地方出现了癌症村，严重威胁人群健康和种

群繁育能力。据世界卫生组织的资料，发展中国家80%的疾病是由不安全的饮用水与恶劣的环境卫生条件造成的。

高强度的农业开发，对化石类生产资料的高度依赖，使得农业生产已成为资源消耗和环境污染的重要来源，同时，农业本身受环境恶化的影响也日渐严重。一些地区由于长期过量使用化学肥料、农药、农膜以及污水灌溉，加之畜禽养殖污染，使污染物在土壤中大量残留，直接影响了土地生态系统的结构和功能，使生物种群结构发生改变，生物多样性减少，一些珍稀物种快速减少甚至绝迹，土地生产力下降，造成农作物减产和农产品质量下降，对生态环境、食品安全和农业可持续发展构成威胁。目前，中国受到污染的农田近700万公顷（1公顷等于10 000平方米），因污染每年减产粮食达100亿千克。

农业生态环境的恶化已经成为中国农业发展的严重障碍。中国经济发展不能再走先污染后治理的粗放式管理的老路，必须转变农业生产方式，大力发展生态农业，走出一条资源节约型、环境友好型的可持续发展道路，以实现经济、社会、生态环境的协调发展。发展生态农业，是中国农业现代化的必由之路。

达州市作为中国的革命老区，是中国长江流域的重要生态屏障，其农业发展阶段总体上正处在由传统农业向现代农业迈进的过程中，其农业发展模式与道路对本地区以及长江中下游流域人民的生产生活具有重要影响。在大力倡导生态文明的今天，发展生态农业已经成了达州市实现可持续发展的必然选择。

三、生态农业发展的理论分析

建设生态文明，要求在社会发展过程中，人类必须遵循人、自然、社会和谐发展的客观规律，实现人与自然、人与社会、人与人和谐共生、良性发展。发展生态农业就是要在农业生产发展过程中遵循生态文明理念，实现农业的科学发展。提出生态农业发展这一命题的动因，在于贯彻落实科学发展理念，实现经济、社会与生态的可持续发展。因此，对生态农业发展的效益评价，也要把经济效益、社会效益和生态效益三个方面统一起来。生态农业建设的目标是既要实现农民的增产增收，又要保护生态环境不被破坏，还要保证农产品消费者的身体健康。发展生态农业，应该促进农业生态与经济发展之间的良性循环，实现三大效益的同步增长。

1. 农业生产是自然再生产和经济再生产相互交织的过程

农业生产活动有三个基本要素：人、土地与动植物、农业生产资料，农业生产是人利用生产资料作用于土地和动植物，改变其形态与功能，以生产出符合人类需要的动植物产品的过程，这个过程是无止境的循环往复的自然再生产过程。同时，农业生产活动是在一定的社会关系下进行的，在市场经济体制下，农业生产要以满足自身和他人需要为目的，是生产者力图以有限的劳动力及物质资料投入取得尽可能多和尽可能好的物质产品及经济收益的经济再生产过程。

发展生态农业，依靠科技进步，挖掘农业资源潜力，提高农业资源利用效率，减少资源的占用和消耗，改善生态环境，以高质量和多样化的农产品满足消费者需求，能够把自然再生产和经济再生产统一起来，已成为实现农业可持续发展的重要途径。生态农业是提高农业生产力发展的战略选择。

2. 生态环境是生态农业的物质基础

生态环境是人类生存和经济社会发展的自然基础。自然生态环境为社会经济发展提供了三项功能，即资源基础功能、环境基础功能、经济产出功能。经济发展离不开人类为满足自身需要而进行的自觉活动，但它要依赖于自然生态环境并会引起自然生态环境的变化。当人类活动符合自然规律时，生态环境就能良性循环，经济发展就具有可持续性；当人类活动违背自然规律时，生态环境就会遭到破坏，经济发展在给一部分人带来短期的物质利益的同时，也会对人类整体造成长期的消极影响，其代价甚至使部分人的短期利益相形见绌，对人类整体利益的影响更是长期而巨大的。人类在工业革命后，经济活动获得了突飞猛进的发展，创造了前所未有的物质文明，但与此同时，自然生态环境也付出了惨重的代价。联合国发展委员会资料表明，20世纪50年代至70年代，全世界工业生产增长了15倍，但"生态环境存在全面危机"。

造成生态环境与经济发展背离的首要原因在于，工业化生产与消费模式对环境容量和环境保护的漠视。传统经济发展模式过于突出地追求经济产出，把经济效益凌驾于社会效益和生态效益之上，使生态系统的脆弱性暴露无遗。事实上，从生态经济学的角度，生态发展绝不是一个与经济变动无关的变量，而是实现经济可持续发展不可缺少的资源环境基础。

生物多样性是良好生态系统的重要条件，在保证生态系统功能运作方面，起着不可替代的重要作用。生态发展首先就意味着生物多样性的稳定和繁荣。作为人类所赖以生存的物质环境和生存条件，生态环境决定着人类生活的质量。一个和谐平衡的生态系统，能够提高人类居住的舒适度，增强环境的承载力与自净力，并提高整个系统的生产能力，因而生态发展也必然包括生态环境质量提高的内容。

3. 生态农业是中国农业发展的战略选择

生态农业特别关注在农业发展过程中对自然资源的使用与保护、消耗与培植的关系，始终体现对自然资源的无限偏爱和珍惜。生态农业的本质在于它把经济发展和改善环境质量和保护自然资源的目标统一起来，以社会劳动和自然生态潜力的最小消耗取得最大的生态和经济效益为农业经济发展的基本原则。

生态农业把农业经济行为同生态环境看作一个相互制约的系统，要求建立人与自然的和谐关系，减少和避免违反自然规律和经济规律的行为，这是对人与自然关系的正确把握。农业是人类生存的根基，但同时也可能成为生态恶化的重要源头。农业中的种植业会因使用化肥、农药、农用薄膜及秸秆焚烧等而危害土壤、大气和水源，畜禽养殖业产生的粪便也会产生污染，危害人体和破坏农业生态环境。其中化肥的不当使用可能诱发人体的癌变，危害人体健康，增大医疗成本，降低生活品质和幸福感。化肥施用量过高，会造成水体富营养化、土壤酸化、气候变暖等生态危机，并在一定程度上导致农药施用量的进一步增加。农业生产中使用的农药一般利用率很低，仅为 10%左右，大量农药残留于环境中。这些农药挥发到空气中，流入水体中，沉降聚集在土壤中，污染农产品并被人们吸收到身体中，具有致畸、致癌、致突变的特性，严重危害人体健康。此外，农药在杀死害虫的同时，也会杀死有益的动植物，从而破坏生态平衡。不仅如此，长期使用农药，也会使害虫产生抗药性，势必导致农药的再研发和使用，形成恶性循环。农膜覆盖栽培技术是一项先进的农业生产技术，因其具有增温、保墒、保肥和提高作物产量的作用，在农业上的应用越来越广泛。中国是世界上农膜生产和使用最多的国家，但农膜回收率则不足 30%。在农业生产中使用的薄膜如果得不到合理的回收处理而是残留于土壤，会使耕层土壤透气性降低，微生物活动数量减少，对作物的出苗、根系发育和根系对土壤水分养分的吸收产生消极影响，容易引起缺苗断垄而降低农作物产量。

中国人口总量基数庞大，人民对物质文化生活水平的要求不断提高，而中国的自然资源和生态环境的承受力局限日益暴露出来。在经济全球化形势下，尽管中国可以通过对外贸易、投资等形式利用一部分国际资源，但仍然会受到诸如资源总量、成本、国际关系等因素的影响而处于不确定的状态，因此，通过发展生态农业以实现经济可持续发展是中国农业发展的必由之路。

4. 发展生态农业的基本要求

生态农业的持续有序发展离不开科学的绩效评价体系。生态农业建设的绩效评价指标体系对生态农业发展具有导向性作用，体现了国家对发展生态农业的基本要求，但这一体系的构建在不同地方、不同时间会有所不同。

中国对生态农业的发展确立了综合性、全面性的目标，并且引导和提倡各地把社会主义新农村建设与农业生态保护融合起来，确立具体的生态农业建设目标。根据本地生态农业建设实际情况，四川省选择了典型、全面、科学的要素作为重要评价指标，具体体现为目标层、准则层、指标层三个层次。准则层包括社会经济发展、生态环境保护及社会进步三个方面。指标层包括23项具体指标，其中社会经济发展类指标包括人均GDP、农民人均纯收入、单位GDP能耗和农业劳动生产率等；生态环境保护类指标包括森林覆盖率、农村灌溉水质达标率、无公害农产品基地面积占农田总面积比例、水土流失治理率、化肥施用强度、有机肥施用比率、生物防治面积占总种植面积的比率、病虫草害综合防治率、畜禽粪便处理率、秸秆综合利用率、农膜回收比率、农村生活用能中清洁能源所占比例、生活垃圾无害化处理率和土壤有机碳的百分含量等14项；社会进步类指标包括人口自然增长率、村镇饮用水卫生合格率、人均粮食占有量和城市化水平等4项。

从发展生态农业的本质和核心来看，总体要求是对农业生产资料的运用要实现减量化、再利用、无害化处理。减量化，就是要从源头控制资源使用和减少污染物排放；再利用就是要提高生产资料的利用效率，加强对废弃物的回收和再加工，实现变废为宝；无害化，就是生产资料在完成其使用功能后能够得到合理处理，不至于对生态环境造成危害。在农业生产中，实行减量化、再利用、无害化生产主要表现在化肥和农药使用强度、农用塑料薄膜回收率、秸秆综合利用率、畜禽养殖粪便综合利用率等指标上。

农村生态农业建设水平和地方经济发展水平之间的关系较为复杂。总体来看，经济落后的丘陵地区由于购买化肥、农药和农业机械等负担能力低，交通不便，在易于造成环境污染的生产资料方面使用量不高，生态农业建设的经济绩效较差，但其生态绩效和社会绩效往往优于经济发达地区。当然，如果在产业化经营和社会化服务方面取得进步，其综合成效比同等条件而未进行生态农业建设的地区还是较为显著的。

四、达州市发展生态农业的必要性

达州市位于四川省东部，是原川陕革命根据地的重要组成部分，也是著名的红色革命老区。达州市辖4县（宣汉、开江、大竹、渠县）2区（通川，达川）1市（万源），全市辖区面积1.6万平方公里，全市总人口约690万，其中农村人口370万，占总人口的54%。2013年，达州市实现农业增加值266.5亿元，粮食产量达281.7万吨，农民人均纯收入达到8 001元，农业生产在全市经济发展中占较大的比重。从农业和农村经济发展、农民收入增加、农村生态环境保护的角度看，达州市发展生态农业有其必要性。

1. 达州市农业自然生态现状急需发展生态农业

发展生态农业必须以良好的生态基础作为保障。达州市虽然农业人口较多，农业生产比重较大，但是总的来说，人均农业自然资源拥有量并不高。达州市以山区、丘陵地形为主，有"七山两水一分田"的说法，一半以上的耕地分布在崇山峻岭之间，山坡地和石灰岩地区多，人均可耕地面积仅1.1亩，地块小而分散，平整肥沃成片的耕地不多。达州市水资源也较为贫乏，人均水资源占有量仅为1 600立方米，不但低于世界人均9 360立方米和全省人均3 040立方米，也低于全国人均2 185立方米，属于世界公认的人均1 000~1 700立方米的用水紧张型地区。大气降水是达州市水资源的主要来源，但是大气降水的季节分布却主要集中在6—9月，既存在降水总量不足的问题，又存在降水过于集中而引发洪涝灾害的可能。

由于多山的地形、多变的气候和无规律高强度降雨等多种自然因素的共同作用，达州市成为水旱雪病虫风雹等自然灾害及泥石流、山体滑坡、地面沉降等地质灾害多发的地区，农业生态环境比较脆弱。2004年"9.3"、2005年"7.8"2010年"7.18"、2011年"9.18"洪灾和2012年"8.20"风灾及不时发生的旱灾等给达州市农业生产带来严重损失。传统的农业生产方式在一定程度上是引起某些自然灾害的原因，这种生产方式也难以抵御较大的自然灾害，因此，亟须发展现代生态农业应对日趋恶化的农业生态状况。

2. 达州市农业基础的薄弱呼唤发展生态农业

达州市的农业基础还比较薄弱，主要体现在农业基础设施与发展现代生态农业的要求还不相适应。农业基础设施是为农村居民生产和生活提供服务的永久性工程构筑、设备、设施。达州市农业水利设施较差，提灌站、水渠、蓄水塘坝等农业灌溉系统不健全、不配套，全市69.3%的耕地不能充分保证灌溉，31.7%的耕地无法得到灌溉，只能靠天吃饭。农村公路建设滞后，公路路面过窄，等级较低，路网化水平、通行能力、抗灾能力低，维护保养落后。水土保持、耕地改造等治理工作进展缓慢，成效不大，全市现有水土流失面积占国土面积的20%，沙化面积占国土面积的7%，单位面积林木蓄积量仅为全国平均水平的65%，环境承载力不强。养殖业规模化率极低，大部分只有简易污染处理设施，有的甚至没有处理设施。大量养殖废水直排河道，严重污染水体，导致有的河流甚至成了鱼虾不生的黑河、臭河，完全丧失了水体功能。

在种植业方面，由于农业基础设施建设滞后，农民为了取得高产而在农业生产中盲目使用大量化肥、农药和农用薄膜。2004年、2005年、2006年达州市全市化肥平均使用量分别达到640千克/公顷、660千克/公顷、670千克/公顷，远远超过发达国家为防止化肥对水体污染而设置的225千克/公顷的施用上限，也远远高于四川全省化肥平均施用量490千克/公顷。2006年，全市农药施用强度达32.2千克/公顷，地膜平均施用量为15.1千克/公顷。而根据科学测算，这样的施用强度下化肥的利用率不到35%，流失率高。农药、地膜使用量和残留量都比较高，危害有益生物生长，污染农田土壤、地下水和空气。农民在生活过程中产生的污染物，包括生活污水和生活垃圾，由于绝大多数乡镇几乎没有污水处理厂和垃圾处理设施，对水体、土壤和空气也造成了不可忽视的污染。农村生态环境的恶化导致了农业资源总量的减少和质量的下降，加重了自然灾害造成的经济损失，降低了农产品质量，不仅影响到人们的身心健康，而且对经济社会发展也造成了一定影响。

达州市的农业基础薄弱还体现在农业生产很大程度上依赖于人力和畜力，机械化水平和科技水平低；农业主导产业不突出，规模化、集约化程度较低，全市农业产业化区域布局尚未形成，没有形成产业优势；农业生产劳动力不足，科技人员缺乏。大量农村青壮年普遍外出务工，在家留守的多是老人、妇女、儿童，投工投劳的公共工程很难组织。同时无法吸引外来科技人才，本地人才也难以留住。

3. 达州市生态农业发展起点很低

达州市农户目前通过从事生态农业生产所取得的纯收入很少。所谓生态农业生产纯收入，是指经过各级认证，主要是无公害、绿色、有机产品认证的农业产业收入。由于导向政策出台晚、技术标准和手段落后及传统观念等因素的影响，达州市生态农业发展起步晚，水平低，与可能达到的潜力、社会需求相比还很落后，农户发展生态农业所得纯收入还相当少。

在传统生产方式下，由于化肥、农药的不合理使用，以及污水乱倒、垃圾乱扔、粪土乱堆、柴草乱垛、畜禽乱跑、秸秆乱烧等不良生活习惯，达州市农业生态环境遭到了严重破坏。资料显示，州河达州市城区段的水质1983年是一类，河里有鱼有虾有野鸭，1993年是三类，鱼虾变得稀少，2003年是五类，河水呈暗黑色，有异味，鱼虾几乎绝迹。

2010年1月，四川省生态县验收工作领导小组考核认定的符合省级生态县标准的9县（市、区）中，达州市没有一个县（市、区）进入名单。在生态村评选方面，在2010年5月公布的四川省第四批省级生态村名单中，达州市仅有10个，这与达州市在全省农业产值比较中的农业大市地位很不相称。这一方面突出地反映出达州市生态农业建设在全省各地中相对较为落后的现实，另一方面也凸显其未来发展的巨大潜力。

五、制约达州市生态农业发展的经济因素分析

农业是达州市经济的重要组成部分，但达州市农业基础不强，农民不富裕，农村不繁荣，农民科学文化素质比较低，农村水电、道路交通、信息通信等基础设施条件比较差，农村商品化程度不高，农业产业总体上还是传统农业，区域化布局、标准化生产、专业化生产、一体化经营、社会化服务等运作模式还没有占主导地位，生态农业发展障碍比较多。

1. 农村生产发展水平总体较低

农户行为理论表明，农户行为的首要目标是维持家庭的基本生活需求，其次才是追求效用最大化和利润最大化。不同收入水平的农户追求目标的差异决定了其生态农业的态度和经济行为的差异。家庭收入越低，则用于食品消费的家庭支出占全部支出的比重就越高，这样的家庭对于农产品数量和农业收入的重视程度就高。反之，收入总水平较高的家庭可能更重视农产品的质量和生态效益。

受经济技术发展水平的影响，达州市目前还没有形成先进的耕作方式，科学的播种、施肥和田间管理技术还没有得到普遍的推广，能够提高农业生产效率和减轻劳动强度的农业机械化水平不高，农村经济发展水平还不高。2013年，达州市农村居民人均年收入为8 001元，其生活水平基本属于温饱有余的较低水平状态，农户家庭收入很大程度上依赖于农业生产，而农业生产产生的收入普遍偏低，经济效益较差，因此农业生产积极性不高，从事农业生产是很多农户缺乏外出务工机会或者其他经营门路条件下不得已的选择。这样的农户家庭对于满足基本生活需求的压力大，其对农产品和经济收入的数量追求高于对农产

品质量和生态效益的追求,而生态农业的发展只有在能够稳定地带来较高经济收入的前提下才能得到持续,这在市场经济中供求关系和价格波动较大的情况下是较难实现的。受资金投入不足的影响,农业发展需要解决的沟、渠、路、电等基础设施建设不配套,抗御自然灾害能力弱,规模化经营困难,产业链短,附加值低,发展生态农业的基础条件还较差。

2. 农业产业和产品结构仍不够优化

产业结构决定了一个地区产业的发展是否能够做到内部相互补充,协调推动。达州市在推动现代农业发展过程中还存在农业产业和产品结构不够优化的情况。一方面,在认识上还存在一定的误区,农业基础性产业的作用没能有效发挥。在天然气资源开发的推动下,达州市的工业经济得到了飞速发展,许多人尤其是政府主导部门往往可能因此忽视了农业的基础性作用,没有看到达州市在发展生态经济农业上的巨大优势和潜力;另一方面,农业主导产业不突出,产业和产品布局比较分散,农业产业集聚性不够,没有形成规模化的产业优势,产业集群发展有待提高。生态农业产业集群是指遵循发展农村经济与农业生态环境保护相协调、自然资源开发与保护相协调的原则下,基于生态系统承载能力的前提下,充分发挥当地生态、区位优势和产品的比较优势所形成的相互关联的企业和机构的产业群。达州市由于宏观规划引导不够科学合理,组织实施力度不足,产业布局杂乱无章,产业多,品种杂,难以形成连片种植规模,很多地方缺乏拳头产品,品牌建设滞后,没能形成具备强大竞争优势的产业群,这不利于生态经济农业的整体有效推动。

3. 生产组织仍不活跃

生产组织方式决定了农业发展的效率,生产组织活跃才能有效调动广大农民的积极性,激发其创造力,推动农业生产向前发展。一般来说,农民专业合作组织及企业对农户的收入有着显著的正向影响。农业专业合作社与农户的经济关系,从初期的技术交流,向农资、技术、生产、仓储、营销及加工等全方位服务发展。农民参加专业合作组织的经营活动,有利于农户减少购买农资费用,提高生产技术和产品质量,降低生产和销售成本(通过农超对接、粮站直供、农家乐直供和顾客直供等方式),增强产品竞争力,提高农户经营收入。

近年来达州市的农民专业合作经济组织得到了快速发展,农民专业化程度有了明显提高,目前全市已有工商登记注册的农民专业合作社1 098家,给农户带来了较为显著的经济效益。但是,总体而言,达州市的农业生产组织仍然较为分散,实力不强,辐射影响和带动能力弱,专业合作组织机构不健全,内部管理制度不健全，运作不规范，产前、产中、产后服务不到位。大部分农业生产还是以家庭为单位进行，农户认可和参与产业化组织程度不高，生态农业产业化水平低，各种生产组织如专业合作社之间的纵向联系也不够紧密，难以活跃生产。

农户加入专业合作经济组织的初始动机和最大动力始终是获得较大的经济收益。在达州市农村，相当多的农户农业生产收入占家庭总收入的80%以上，属于较为典型的纯农户，收入来源结构相对单一决定了其生活水平和生活质量对农业生产收入的依赖程度很高。他们不愿意或者不能容忍农业生产收入有任何较大的损失，而主要农产品如生猪、粮油、蔬菜、水果等受市场供求关系变动影响大，价格起伏波动大，并不总能给农户带来较为理想的收入。一旦农户选择从事生态农业生产不能获得相对理想的收入，甚至导致其承受了较大的损失，则以往一切关于发展生态农业的教育和引导都可能前功尽弃，过去落后粗放甚至野蛮的农业生产方式就可能死灰复燃，这是市场经济体制给生态农业发展带来的最坏结果。因此，农业专业合作组织要能够对农民产生持久的吸引力，就必须善于经营管理，对市场变化要有较强的适应力、竞争力。另一方面，生态农产品质量难以控制，质量检测难度高，加上一定程度的"卖难"现象，盈利风险很大，对农业专业合作组织的生产经营也产生很大影响。而一部分农户缺乏契约精神，不遵守合同约定，只想搭便车，不想承担买"票"费用，合同关系不稳定，违约可能性高，导致农业专业合作组织收益均值不高，客观上也不利于农业专业合作组织的发展。

可见，发展现代生态农业需要发展合作组织，活跃农产品市场，促进生态农业实现更大的经济效益，但其发展也不会一帆风顺，需要采取多方面的扶持措施。

4. 发展资金十分缺乏

资金问题是当前中国农业发展过程中普遍存在的瓶颈问题。达州市是后发展地区，经济基础相对薄弱，农业发展面临着明显的资金来源渠道单一分散、保障不足、效益不高的问题，对生态农业的发展构成了强大的阻力。一是财政投入有限。国家对发展生态农业有一定的政策补贴，但数额较少，起到的作用并不大，在实际操作中还会发生流失甚至挪用现象。在达州市财政收入有限的情况下，市县相关财政计划都没有建立生态农业发展的专项资金，也没能建立较为完善的"三农"投入稳定增长机制。对相关的农业产业化的专门扶持还不够，许多农业企业、合作组织获得国家财政政策支持的力度还不够大。二是相关的金融机构的信贷支持还比较有限。农业银行、农村信用合作社等对农业企业、农民有一定的信贷资助，但是额度不高，对生态农业发展支撑作用有限。农村经济水平低下，农民自有资金缺乏，且农业比较效益低下，使农民对发展生态农业的投入积极性不足。大多数农户家庭生产考虑的因素中，所占比例最高的是经济收益。从短期来看，生态农业的发展首先是能够产生明显的生态效益，而经济效益可能不明显其至要受到一定的损失。而农民是从经济利益最大化出发来选择生产行为，这使得靠农民自身增加积累来发展生态农业是不现实的。资金的匮乏严重制约了农业产业化发展和向现代生态经济农业的转变。

5. 人才队伍素质不高

人才是解决发展问题的关键，生态农业是一种现代农业生产理念，更是一种科技农业的生产方式，专业性的科技人才在这种生产过程中扮演着举足轻重的作用。在发展现代生态农业过程中尤其需要加大科学技术的投入，通过科技运用实现农业的良性发展和良好经济效益。

近年来，达州市在发展过程中高度重视人才的作用，先后启动了"千名硕博进达州"等人才工程引进计划，引入了一批专业技术性强，能发挥实际一线作用的人才。但是在农业发展过程中，人才队伍素质不高的问题依然比较突出，农业方面的现代专门性技术人才还比较匮乏。造成这种状况的一个原因就是，农业生产的比较收益偏低，有一定知识、掌握现代科学技术、能力较强的青壮年农民外出务工能获得比在家乡务农更多的收益，大部分农业生产仍然以传统生产经验为主，农民文化程度普遍较低，以初中文化程度为主，缺乏专业技术人才的科学指导。农村人才队伍整体素质不高、经济落后，形成了"越穷越缺人才，越缺人才越穷"的恶性循环。

6. 龙头企业仍较弱小

生态农业追求的不仅是生态效益，同时也需要实现经济效益。生态农业要成为一项新的经济产业就必须有一系列的经济主体参与其中。农业企业由此成为生态经济农业发展重要的一环，而龙头企业在整个产业中起着"排头兵"的作用。达州市在现代生态农业发展过程中虽然已经涌现出一批形成自主品牌并具有本地特色的农业企业，但总的来说其龙头企业的实力仍然不够强，带动作用也比较有限。在"量"的层面上，全市市级以上现代化农业重点龙头企业共89家，但国家级仅仅只有2家，省级18家，这个数量低于全省平均水平。在"质"的层面上，达州市现代农业企业的实力差距也还比较大，销售总额达到上亿元的有20家，上10亿元的暂缺，其带动辐射作用不强、市场竞争力弱，农产品加工能力也比较低，加工率不到40%，其中精深加工率不足20%。龙头企业仍然比较弱小，对推动生态农业发展的作用有待加强。

7. 检测认证手段不完善

发展生态农业，要求农业生产按照有利于生态环境保护的标准生产，要求农产品有害物质含量要低于维持人体健康所能许可的标准，而政府不可能完全观察和监督具体的农业生产过程。作为农业大国，中国在蔬菜、水果、水产品等农产品生产方面具有很大的优势，近年来这些产品的出口额逐年增加。与此同时，为满足本国消费者对安全农产品的需求和保护本国生产者的利益，一些国家制定了日益严格的技术标准作为市场准入条件，从而对中国农产品对外出口形成了严密的质量壁垒。当前农产品质量壁垒已成为影响中国农产品出口的重要因素。仅2013年上半年，中国农产品出口亚洲国家的质量问题事件有几十起。农产品出口中的质量安全问题主要包括：农药、兽药残留超标；微生物、重金属超标；违反添加剂使用标准；检出禁用投入品等。从未来趋势看，中国农产品出口遭遇质量壁垒的农产品种类和范围会进一步扩大，真正能够达到对外出口质量检测标准的农产品数量并不多，中国农产品出口创汇能力会因生态农业发展滞后而严重受限。仅仅从满足人民生活需要的角度看，提高农产品质量也是完全必要的，但对生态农产品的质量检测和品质认证却存在很大难度。从结果上确保农产品质量安全，势必要依赖质量检测，而质量检测也只能部分抽样，在目前的社会道德状况下，农户会出于严格按生态农业标准生产所涉及的知识、技术、劳务、成本、收益等考虑而存在一定的逃避责任的侥幸心理。确保农产品质量安全依赖于农户的道德自觉，也依赖于相当的资金、技术、设备条件，但目前达州市在这方面还有很多问题需要解决。

总体来看，在农业生产的自然条件方面，达州市人均土地面积有限，土地肥力不高，人地关系紧张，发展生态农业带来的土地产出不理想。从短期经济效益看，发展生态农业对农民缺乏足够的吸引力和感召力，农民会转而对土地进行掠夺性使用。从农民对农业生产的投入意愿来看，现有农业生产方式中，农户对农业生产的投入占家庭总支出的比例还较低，其中对化肥、农药等短期生产资料的重视程度远远大于对水利、农用机械、土壤改良等其他生产条件改善的重视程度，其原因在于短期投入回报周期短，能够降低农户投入资金的风险，而长期投入则回报周期长，面临更多不确定性。在风险厌恶情绪下，农户可能更重视短期投入，而对其可能带来的生态隐患则漠然置之。此外，土地地块的零散化大大增加了农户从事生产管理的成本，制约了农户进行规模化和集约化经营。因此，达州市生态农业的发展还需要克服种种障碍。

六、达州市发展生态农业的优势和有利条件

尽管发展生态农业还有许多障碍，但如前所述，发展生态农业是中国农业发展的基本趋势，有其客观必然性。主动抓住发展先机，可以确立市场品牌，赢得更多市场机会，率先转变经济发展方式，取得较好的经济、社会和生态效益。作为四川省乃至中国的农业大市，达州市在发展生态农业方面仍有很大潜力。

1. 社会大环境下农村环保越来越受重视

近年来，"三农问题"已成为党和国家工作的战略重点，从 2004 年到 2014 年，中共中央、国务院连续发布 11 份一号文件，都与农村工作有关，其中 2014 年 1 号文件提出了强化农产品质量、健全"三农"投入稳定增长机制、完善农业补贴政策、加快建立利益补偿机制、完善农田水利建设管护机制、推进农业科技创新、加快发展现代种植业和农业机械化、加强农产品市场体系建设、促进生态友好型农业发展、开展农业资源休养生息试点、加大生态保护建设力度等发展目标和措施要求，这些内容或直接或间接都与发展生态农业有关，意味着生态农业发展越来越受到重视，国家将不断从政策上、资金上、技术上、服务上鼓励和扶持生态农业发展，这是达州市作为农业大市发展生态农业面临的前所未有的机遇。

2. 经济基础和传统生产技术优势

目前，达州市农业现代化水平逐步提高，是四川乃至全国重要的农产品生产基地，主要农产品供求基本平衡，农产品市场价格稳定，农业和农村经济结构不断优化，农业科技运用水平有所提高，农民收入和生活水平已基本越过温饱型而向小康型过渡，这些成就为加快发展生态农业奠定了经济基础。同时，历史上达州市农民传统生产经验丰富，技术水平较全面，农民注重精耕细作，长期注重使用有机肥，农田水利设施具有一定基础，普遍实行轮作、复种，这些本身就是生态农业所提倡的。

3. 达州市特殊的地形气候和优越的自然环境有利于发展生态农业

达州市地势东北高（大巴山区），西南低（盆地丘陵区），全市地形分为山区、丘陵、平坝 3 种类型。山地占辖区面积 70.70%，丘陵占 28.10%，平坝占 1.20%。达州市属亚热带湿润季风气候类型，由于地形复杂，区域性气候差异大。全市热量资源丰富，雨热同期，无霜期 300 天左右。全市年平均雨量 1 076 毫米~

1 270毫米，基本能满足农业生产需要。这样复杂多样的地质地貌及气候条件虽然决定了达州市在发展农业过程中难以实现规模化的机械耕种，但对多样化的动植物生长繁育提供了良好条件。正是这种独特的自然生态条件，孕育了丰富的特色农业资源，使达州市成为中国油橄榄、黄花、苎麻、富硒茶、香椿之乡，众多动植物品种都能在达州市土地上生长繁育。同时，达州市现实的经济发展水平不高，现代工业规模不大，农业在经济结构中占有较大比重，不少地方自然原生态保持较好，为达州市生态农业发展提供了基础条件。达州市区位优越，是川东北咽喉和秦巴地区物资集散地，是川陕鄂渝结合部的重要交通枢纽，全市所辖七个县、市、区已实现铁路连通，达州市火车站已是全省仅次于成都的第二大火车站，航空、河运及高速公路均已通达，为达州市农产品对外推销提供了便捷的通道。

4. 达州市已形成了部分生态经济农业品牌

达州市已形成了具有区域特色的生态农业发展的典型模式和实践基础，已有一些基层单位获评为生态乡镇、生态村，取得了一定的生态农业建设经验，形成了一些具有推广性和示范性的生态农业模式，如猪—沼—果生态种植模式、生态畜牧业模式和生态渔业模式等。达州市具有丰富的特色农业资源，市内各地都逐步形成自己特色的农产品品牌，建成了一批具有一定规模的生产基地，比较突出的特色农产品包括大竹的香椿、糯稻、苎麻，渠县的柑橘、黄花，万源的土豆、茶叶，达川的调味椒、莲藕，开江的油橄榄、银杏、生姜、莴笋等，有的品种在全国都比较出名。其中渠县黄花是一种富含蛋白质、糖、碳水化合物和钙、磷、铁、天冬素等元素的植物，具有消炎、解毒、降血压、催乳、利尿、开胃、安神的功效，是宴席珍品、保健佳品；万源旧院黑鸡富含氨基酸、钙、硒等微量元素、黑胶素、紫色素等，具有药用及保健功效，肉蛋皆优，早在1983年就被列为全国地方优良品种；原产于通川区的灯影牛肉片薄如纸，色泽红亮，味道麻辣鲜脆，已成为国家知名品牌，远销国内外。在这些基础上，全市形成了具有一定规模的蔬菜加工企业9家，黄花加工企业2家，苎麻加工企业9家，中药材企业9家，茶叶加工企业17家，水果企业2家。其中国家级农业产业化重点龙头企业2家，省级7家，市级17家，带动农户2.5万余户，形成了大竹玉竹麻业、天源油橄榄公司、达州市利根葛业、万源巴山雀舌、渠县宕府王食品等特色生态农业品牌。目前，达州市已经拥有中国驰名商标2个，四川省知名品牌和著名商标38个，国家地理标志品牌22个，无公害农产品、绿色食品和有机食品认证118个，这些为达州市发展生态农业打下了坚实的基础，开辟出良好的发展路径，积累了一定的发展经验。

七、对达州市生态农业发展的建议

大力发展生态农业，是达州市转变农业发展方式，提高发展质量，延续发展能力，实现经济、社会与生态效益同步增长的必然选择，符合国家发展战略和广大市民提高生活品质的需要。同时，发展生态农业，需要达州市地方政府、社会组织及农户各方面力量的协同行动。

1. 对地方政府的建议

（1）树立科学发展观和正确政绩观，切实转变经济发展方式

经济发展水平和生态农业建设质量不存在固有的简单关系，关键看地方政府采取什么样的发展观和政绩观。如果以经济发展水平作为核心指标甚至唯一指标，则地方政府必然不惜以牺牲环境为代价寻求短期的经济快速发展，生态农业发展必然被忽视。反之，以科学发展观为导向，淡化经济发展指标在政绩考核和生态农业建设评比中的比重，则生态农业的发展会更加符合良好生态效益的预期目标。要实现经济增长方式的转变，必须调整经济结构，控制污染物的排放，降低能源资源消耗，增强资源环境忧患意识、节约意识和环保意识。为此，要及时在农村建立党政一把手环境保护目标责任制，编制科学环境规划，有效落实环境问责制和官员环保考核体制，严格执行环境影响评价制度、排污总量控制制度、"三同时"制度（环境保护设施必须与主体工程同步设计、同时施工、同时投产使用）、排污收费制度、环保许可证制度、排污申报登记制度、现场检查制度、限期治理制度、环境污染与破坏事故的报告及处理制度，为发展生态农业创造必要的政策氛围及自然和社会环境条件。

（2）要建立健全环境执法机构

地方政府应配齐专职环境管理干部，加强部门间协调，建立多部门联合工作委员会，完善工作职能，赋予环保部门更多执法权能。农业生态环境的维护是一项长期细致的工作，涉及多方面的责任和利益关系。环境执法主体对污染责任主体要具有教育、罚款、关停生产场所等权能，使环保部门面对污染主体具备有效的执法手段，以保证环保执法的震慑力。对环境管理机构要拨付足额工作经费，提高执法人员素质，落实定期巡查制度，切实实行环境状况信息公开制度，改变环保部门重批轻管、批而不管现象，对环境执法人员失职渎职行为造成严重后果的实行责任追究制度。我国目前在环境保护相关机构、设施、人员、经费等方面的配备呈现出从中央到地方逐级递减的状态，基层乡镇环保

工作基本上处于无人员、无经费、无仪器的"三无状态",一些地方环保现场执法主要靠感性认识和经验,体现了国家层面的环保理念和目标与地方层面的现实条件及功利动机的巨大落差,这是一些地方环境问题突出的重要根源。从地方发展长远目标和人民群众根本利益出发,发展生态农业是能够实现经济利益与生态利益的统一的,因此,地方政府应主动增加相关投入,克服地方保护主义和只关注当前利益的短视现象。

(3)要强化环保执法监管,严查环境违法行为

农业生态环境中存在的问题,有立法不健全的因素,更主要的是执法不严、执法不规范的问题。"政府在环境保护方面不作为、干预执法及决策失误是造成环境顽疾久治不愈的主要根源""政府不履行环境责任以及履行环境责任不到位,已成为制约我国环保事业发展的严重障碍"。要改变地方政府在环境保护方面不作为、选择性作为、干预司法及决策失误等现象,广泛深入地宣传各项相关法规,加强对《环境保护法》《大气污染防治法》《水污染防治法》《土地管理法》《水土保持法》《农业环境保护法》等的宣传和实施,提高广大农户、农民专业合作组织管理人员、农业企业管理人员和相关职能部门人员的生态观念和法制观念,加强环境巡查和定期检查,花大力气抓落实、抓细节、抓基层,实现环境管理由粗放型向精准型转变,及时发现并纠正环境违法行为,确保涉农环保法律法规的遵守和实施。开展清洁生产,对缺乏污染治理设施或者空置污染治理设施、破坏生态环境的污染物乱排乱放行为加大处罚力度,加强排污费的收取,责令限期整改,或者直接关停生产设施,从源头上减少或防止生态污染。

(4)要建立健全社会诚信体系

生态农业的发展归根到底要置于社会主义市场经济的体制环境之中。为了生态农业的持续健康发展,必须建立健全社会的诚信体系,减少直至杜绝交易体系中的道德风险。首先,地方政府要起到良好的带头作用,做诚信政府,要严格落实国家对生态农业发展的补贴和优惠政策,防止以各种名目挪用和扣减,要建立将生态农业补贴情况与相关职能人员绩效挂钩的考核制度与督查机制;其次,企业要严格落实对生产农户的合同责任和对消费者的质量保证责任,避免损害农户和消费者的合法利益,防范违约行为;再次,农业专业合作组织要切实维护好农户利益,发挥好农户与企业、市场连接的纽带作用;最后,农户要自觉履行自己的合同责任,确保按照生态农业标准从事农业生产,保障农产品质量安全,不可为了短期和狭隘的利益而损害其他主体的合法利益。

(5)要加强质量检测,建立长效管理机制,健全奖惩制度

农产品质量是生态农产品市场号召力和竞争力的生命线,提高农产品质量

是发展生态农业的根本着眼点，也是社会大众的殷切期望。农产品质量控制是一个系统工程，要从生态环境、生产过程和产品检测等多方面着手，既要控制环境中有害物质的污染，也要完善对农产品生产环节的监督体制，提高检查的力度和技术水平。政府应当在工商注册登记、税收政策优惠、信贷政策优惠、产品质量监管等环节，有效监管相关主体的生产运行，对符合标准的生产主体要切实落实优惠政策，如对废旧农膜回收及初加工机械设备纳入农机购置补贴范围，对规模大、信用好的废旧农膜回收加工企业给予信贷支持，鼓励企业加强技术创新，研发废旧农膜再加工技术，禁止使用超薄农膜等。要利用多种社交媒体广泛宣传，提高生态农产品的知名度和社会认可度，为其打开市场提供公信力保障。要鼓励各级单位主体参与评建省级生态县、市县级生态乡（镇）、生态村，对成功创建并通过评估的生态县、乡（镇）、村落实各种奖励措施。要改变目前生产经营者守法成本大大高于违法成本的不合理状况，对一些不符合生态农业标准的生产生活方式要实行严格责任追究制度，定期公布违法排污案例及相应惩戒措施，落实"谁污染谁治理""谁污染谁出钱修复"的原则，建立明确的行为导向机制，对违法排污行为要严格督促纠正，限期整改，不能放任不管或简单地一罚了之，不能重末端治理轻源头防治，不能只重罚款不重整治，即使罚款也要提高上限，使生产经营主体的违法成本大大高于其守法成本，在全社会普遍营造不能污染不敢污染的氛围。

（6）要建立环境问题曝光信息平台，建立环境保护公众监督机制

公众参与是环境保护社会监督的重要内容。环保问题与公众利益直接相关，公众环保意识的觉醒，是环保事业发展的根本动力。世界环保事业的最初动力就来自于公众。没有公众参与就没有社会监督，也就不可能有环境问题的根本改善。要增强环境保护工作透明度，注意倾听群众环境保护意见，引导人们提高环境维权意识。中国目前城市地区环保公众监督机制较为完善，但农村地区相对落后，尚需大力改变。要建立生态环境自动监测网络，提高环境监管能力，加强卫生、水利、环保等部门的信息沟通，提高环境问题应急处置能力。

（7）要加大农村环保投入

地方政府应加强环境基础设施建设，加大污染源整治力度，改善农业生态环境。在经济高速增长时期，必须伴随着对环境的高投入。发达国家的经验表明，要控制环境恶化的趋势，环保投入须达到 GDP 的 1.5%，要使环境得到改善则须达到 GDP 的 2.5%，而我国目前均未达到这些标准。投入的不足导致环保基础设施建设的滞后，农村环保建设水平更低于城市，农村生产生活垃圾处理设施及场所如垃圾箱、垃圾车、垃圾处理站的建设及其容量远不能满足实际需要。

在一些地方，路边和河沿成为堆放垃圾的主要场所，农村环境污染治理及生态保护的投入极少，环境污染治理速度赶不上环境污染和生态破坏的速度。环保投入资金来源主要包括两个方面，一是无偿的政府财政性投入；二是有偿的政策性融资，其区别于普通商业性金融的特点及优点是期限比较长、利率比较低。政府要把发展生态农业作为农业现代化发展的基本价值取向，就必须把生态环境保护作为推进生态农业建设的基础性工作，确保山、水、林、田、路、电等农业基础设施建设所需资金投入。

改善农田水利设施等农业生产条件，改良土壤，加强对化肥、农药等化学制品使用的监控，对施肥量、施肥时间、施肥品种、施肥方式进行规范，加强对农药使用的监管。对一些环境敏感地区土地如饮用水源地、野生动物栖息地、农场和牧场保护地等采取特殊保护政策，实行退耕、休耕，并给予资金补贴。必须对农业面源生态污染实行系统的有针对性的全面全域全程治理，尤其要抓好水污染和土壤污染的防治，将农村污水和垃圾运往纳入城市处理场所集中处理，在一些距离中心城市较远、人口总量较大的地方，可以在乡镇一级建立垃圾无害化处理厂、小型污水处理厂、卫生化粪池、卫生厕所等生活配套设施，推广压水井、机抽式供水或引山泉水入户等供水模式，建立较为完善的生活垃圾收集、运输、处置系统，基本达到产出数量与处置能力的动态平衡。要联合有关部门启动"农村环保行动计划"，通过植树种草、改灶、改厕、改水、改圈等措施，解决农村面源污染，改善农村生活环境。要杜绝形式主义的"化妆运动"和展示性的样板式政绩工程，把生态农业的发展和生态环境的综合治理结合起来，把有限资金花在最有效益的地方。

（8）加强生态农业的宣传教育与技术培训

发展生态农业是我国农业发展的长期方针，但其成效大小却最终取决于广大农户的生产方式及行为选择。当今很多农民、农业合作组织及涉农企业还不清楚生态农业与常规农业的区别，也不了解国家对发展生态农业所给出的政策优惠及补贴数额，而是把生态农业发展当作国家对涉农主体的一般号召，甚至仅仅认为是对农民生产行为的一种单方面的规制和约束，这种认识是很不利于生态农业发展的。因此，政府应当通过广播、电视、报纸、网络、手机等媒体广泛宣传建设生态农业的重大意义、基本要求、法律法规、具体做法、典型经验、政策优惠及经济利益等，增强群众的生态环保紧迫意识，提高他们建设生态农业的自觉性和积极性。同时，积极实施农村人才工程，积极引进技术人才，落实人才待遇，发挥人才作用，并通过举办技术培训、技术专家现场指导、专家视频讲座等方式，解决农村经营、技术人才短缺问题，培养越来越多的懂技术、善经营的生态农业建设带头人，使生态农业建设的理念和要求通过千百万农户的生产活动变为生态农业建设的强大力量，从源头上减少和控制生态污染。技术宣传应立足地方农业经济实际，着重不同产业领域实用生产技术，如种植业中推广人工快速沤制有机肥技术，利用秸秆生产沼气、牲畜青贮饲料、发电、养菇技术，麦套稻、稻套麦技术，粉碎瓜薯类青湿秸藤技术等。在生产过程中广泛推进种植业测土配方施肥，实施农药减量控污增效工程，禁用高毒高残留农药。要致力于改良农作物品种，广泛采用小型农业机械进行耕种，以提高农业生产效率，降低生产成本并增加农户收入。此外，还要把环境教育内容纳入"绿色学校""绿色社区"创建活动之中，在中小学自然、地理、政治等课程中融入环境教育，对各层次学生开展多样化的环境教育活动，在全社会形成强大的保护农业生态环境的社会共同价值观，使一切破坏农业生态环境的行为受到人们的共同谴责和有效遏制。

（9）要出台鼓励农户参与生态农业建设的优惠政策

地方政府应提高并全面落实生态农业的补贴标准，加大财政金融扶持力度。生态农业的发展最终将造福于全体人民，而生态农业发展的强大和持久动力来自政府的推动，政府应当从政策和资金层面为生态农业建设提供支持。在政策扶持方面，政府可以在土地使用、市场流通、政务服务等方面对从事生态农业生产的主体提供优惠政策；在资金支持方面，对生态农业生产主体实行"多予少取""只予不取"的高补贴、低税收或无税收的财税政策；在信贷方面适当拓宽贷款担保对象，降低涉农贷款担保条件，推行以土地承包经营权作为抵押担保贷款，优先安排贷款或放宽贷款额度，实行绿色财税、绿色信贷。农户是否从事生态农业生产与政策补贴成绝对的正相关关系，对施用农家肥或退耕还林等生态保护行为的农户提高补贴标准，并确保能够按时足额发放到位，使生态农业从业人员收入稳定并高于常规农业从业人员，这样必将极大调动农户参与生态农业建设的积极性。

（10）要充当生态农业产业化服务者的角色

地方政府应为生态农业产业化提供制度支持。要建立和完善生态保护制度，如垃圾集中处理制度、人畜粪便规范化处理制度、秸秆综合利用制度、水面管护制度、工业达标排放制度，村容村貌维护制度等，营造一个满足生态农业发展要求的经济环境，形成"党委政府统一领导、有关部门各司其职、环保部门牵头协调、农民群众广泛参与、社会各界积极支持"的工作机制。要建立健全完善的覆盖城乡的社会保障体系，完善资本、劳动力、生产资料、供需信息等要素市场，推动建立土地承包经营权流转机制，实现土地所有权、承包权、经营权分离，创建农业产业化的条件与设施，引导社会资本参与生态农业建设，重点扶持一批龙头企业快速发展，积极开拓国内外市场，壮大公司竞争力，增强它们对生态农业全产业链的带动力。

2. 对社会经济组织和涉农企业的建议要求

（1）加快推进生态农业产业化经营

在家庭分散经营条件下，生态农产品产出率不高，产业链长，产品价格在市场上竞争力不强，农户经济效益不突出，这对生态农业发展是很不利的。因此，要打破地域和农户之间的界限，连区连片发展，按照"一乡一品、一县一业"模式，确立优势主导产业，因地制宜大力发展特色生态农业，发展适度规模的产业化经营，把农民转化为生态农业企业职工，将企业外部交易转化为内部交易，以大大降低交易成本，实现农户与生态农业企业的双赢，同时解决城乡二元经济结构弊端，体现城乡一体化发展。推动生态农业产业化经营是生态农业与现代市场更密切对接的重要制度载体，对集约利用土地、提高土地生产力、改善农业生产环境、提高市场竞争力和适应力、增强农业发展后劲起着关键性作用。在实践中，生态农业产业化的具体形式主要有"龙头企业+基地""公司+农户""订单农业"等多种模式，在市场运营和技术创新方面还可以实行农产品加工及销售企业与科研单位共同合作，形成利益共享、风险共担的经营机制。在推进农业产业化经营过程中，要着力抓好优化布局、做大规模，发挥优势、做强特色，整合资源、打造品牌，标准生产、提高质量，创新机制、搞活流通几个环节。

（2）推行农业标准化生产

要推广种植养殖能源三位一体生态农业模式，发展富有地方特色的绿色食品和有机食品基地，形成产业优势和经济优势。农业标准化是指为了有关各方面的利益，对农业经济、技术、科学、管理活动中需要统一、协调的各类对象，制订并实施标准，使之实现必要而合理的统一的活动。建立实行标准化生产的农业产业基地，能够形成规模优势，有利于先进技术的采用，降低成本，从而提高市场适应力和竞争力。

（3）做好品牌宣传，减少交易环节

在市场经济大环境下，生态农业的生命力关键在于市场经营的成败。生态农产品往往在成本和价格方面没有竞争优势，产品可替代性强，社会需求具有很大弹性。其主要优势在于其食用安全性高，但仍然需要通过生态品牌宣传提高其社会认可度，同时要通过便捷物流链条减少交易环节和费用，使其能承担消费费用。在实践中，提高生态农产品流通便利性的主要途径是农（产品）超（市）对接，可衍生出农校对接、农院对接、农店（含农家乐）对接等，还可建立网络农产品信息发布平台等。

3. 对农户的要求

（1）创新农业发展模式

农户应积极参加产业化经济组织，认真履行合同义务。农业发展离不开运用现代科学技术和现代工业装备农业，离不开现代经营手段管理农业，优化农业产业和产品结构。在原有的家庭生产模式下，农户家庭生产采取"什么都搞一点、万事不求人"的自主化生产方式，其特点是主业不突出，农户家庭生产之间缺乏联合，生产规模不大，生产设施条件落后，各项生产活动呈现碎片化、分散化趋势，商品化程度低。这种方式不仅经济效益不高，而且也不利于集约化利用资源、改善农业生产条件及保护环境。改变这种局面，必须在经营项目上体现一定的地域共同性，实行规模化生产，凸显地域特色，发挥规模优势。农户实现规模化生产必须参与产业合作社组织，以此降低生产成本，加强生产协作，获取更充分的市场信息，从而获得更多经济效益。但农户参与产业合作组织也必须承担一定的合同义务，在享受相关权力和利益的同时，承担一定的费用和风险。

（2）转变农业生产方式

农户应减少农业生产对化肥、农药的依赖，建成高产、优质、安全、高效、低耗的现代农业生产体系。有数据显示，引起生态环境恶化的因素中，自然因素只起20%~30%的作用，而70%~80%是人为不合理的经济活动所致。化肥、农药对环境和人体健康的危害性人所共知，但在常规农业生产方式中，农产品增产主要靠化肥、农药等化学辅料来实现，农户从短期经济效益出发，往往不愿意为实施生态农业生产而承担农产品大量减产导致收入下降的损失，因此这样的农业发展方式对消费者及农业生态环境是有道德缺陷的，也是不可持续的。另一方面，生态农业发展也不能以农户现实利益受损为条件，因为在现实社会中本来就存在城乡差距大、贫困居民主要集中在农村的问题，让农民收入受损也是缺乏道义合理性的。为此，在技术方面可以利用具有抗病虫害能力的农作物品种；利用生物电子自控综合设施系统，自动控制光、温、水、肥、气等环境条件，调控作物生长发育，获得高额产量；根据耕地地力状况和作物需肥特性，推行测土配方施肥技术，提高肥料利用效率，控制过量施肥，逐步提高有机肥施用比例；运用农药减量增效集成技术，采取物理、生物、化学防治相结合的综合方法，使用诱虫灯、昆虫性信息素、色板、防虫网等无害化防治虫害技术；对废旧农用薄膜采用重复使用技术、再生造粒技术、直接塑化技术、燃料资源化技术等；对畜禽养殖废水采取厌氧消化处理等综合利用和达标排放技术；对固体粪便采取堆肥法、干燥法、焚烧法；对畜禽养殖场的恶臭控制采取投放沸石、锯末、膨润土、秸秆、泥炭等物理除臭法，喷洒高锰酸钾等化学除臭剂、石灰等中和剂法，生物过滤盒生物洗涤法；对病死畜禽尸体采取焚烧炉焚烧和安全掩埋法等；对生活垃圾采取专人清扫、专车运输的委托处理或建设卫生填埋场的自主处理模式等。当然，与此同时，政府也要加大对绿色食品、有机农产品生产的补贴，同时推广对生态农产品的质量检测、品质认证制度，培育生态农产品优质品牌，在获得社会认可的前提下，倡导优质优价，增强生态农产品市场创收能力，弥补其产量下降或者成本上升可能造成的损失，力争使农户获得超出常规农产品生产的收入。

（3）大力发展循环经济

广大农户应自觉提高生态文明意识和生态伦理道德素质，形成科学的、文明的、绿色的生活消费意识和生产生活习惯。循环经济本质上就是一种生态经济，是以减量化、再利用、资源化为主要内容，实现资源高效利用和循环利用的活动。发展循环经济有助于节约宝贵资源，减轻环境污染，降低经济成本，推动社会进步，要按照"技术可行、经济合理、环境友好"的原则大力推进。具体来说，在村庄整治中就是要实行人畜分离，建立养猪—沼气—水果、鱼—桑—鸡、鸡—猪—鱼、牛—蘑菇—蚯蚓—鸡—猪—鱼、家畜—沼气—食用菌—蚯蚓—鸡—猪—鱼、羊—猪—鱼等立体养殖循环经济模式；采用生物防治病虫害技术；要建立基础的卫生设施，对垃圾进行统一运输、分类回收，通过科学填埋、焚烧或堆肥等方式合理处理生产和生活中产生的污水和垃圾，在村组层面上联动开展修建沼气池、污水处理池，开展改厕、改厨、改圈、改水、改路、改庭院等生态文明家园建设活动，彻底改变"垃圾靠风刮，污水靠蒸发""室内现代化、室外脏乱差"的不文明现象，积极参与清洁家园、清洁田园、清洁水源、清洁能源等创建活动，减少和避免对土壤和水体的二次污染，保持农村秀丽山水的自然风光。

（4）积极参与环境保护监督活动，履行社会责任并维护自身环境权益

生态环境事关农民切身利益，农户可以单独或者联合起来对环境污染现象进行检举揭发，对损害自身或公共环境利益的行为通过检举、上访或诉讼等行

为予以纠正和制止，地方政府和社会组织应当充分理解和积极支持配合农民的环境维权行为。

总之，革命老区达州市在社会经济发展中，必须结合自身实际，因地制宜，充分调动地方政府、经济合作组织、企业、农户的积极性，按照中国特色社会主义生态文明的发展要求，推动生态农业发展，实现达州市农业经济的全新跨越，为社会主义新农村建设奠定产业基础。

达州市基层农村"三村建设"的调查与思考

2004年初，地处红色老区的四川省达州市在社会主义新农村建设的过程中，从系统破解"三农"问题的战略高度出发，大力推进以"班子队伍带村、人才科技兴村、民主法制管村"为主要内容的"三村建设"。在推进中，坚持以人为本，以事为载体，以物化效果为目标，着力构建党委总揽、组织部门牵头、相关部门配合的纵横联动、齐抓共管的工作机制，做到"三个文明""五个建设"系统配套推进，促进新农村建设内涵式和可持续发展。这一举措引起了中央和四川省委领导的极大关注。按照中央先进性教育办公室和中宣部、中组部领导的批示，新华社、中央电视台、《人民日报》《光明日报》《经济日报》、中央人民广播电台的记者对达州市"三村建设"联合进行了集体采访和同步报道，在全国引起了极大反响，然而，目前对达州市基层农村"三村建设"仅限于新闻报道和零星的经验介绍，缺乏系统的总结和深入的理论分析，理论研究的滞后与迅速发展的实践很不适应。达州市系典型的盆周山区，其发展模式在西部内陆地区有一定的代表性。为了深化和拓展我国社会主义新农村建设的研究领域，为西部地区尤其是盆周山区新农村建设提供示范性模式，笔者对达州市"三村建设"这一重大工程进行了调查，并对这一问题进行了探讨。

一、达州市基层农村推行"三村建设"的背景

达州市位于四川省东部，面积约1.2万平方公里，人口640万，所辖的五县一市一区中，国家级和省级贫困县就有2个。改革开放以来，达州市基层农村的经济社会事业取得了很大成就，但与全国和全省其他地方相比，许多方面还没实现真正的"破题"，存在不少的问题和困难。一是农民增收缓慢。农业生产比较效益低，农民增收渠道窄，增收支撑项目少，部分农民群众生活比较困难；二是农业基础设施薄弱。农民物质装备条件落后，生产生活条件较差，农业综合生产能力不强，科技对农业增长的作用不够突出，农民抗灾能力弱，危机控制管理能力不强，农村靠天吃饭的局面还没有根本改变；三是农产品加工能力

不高。农产品加工企业规模小，实力弱，市场竞争乏力，产品附加值低，带动力不强；四是农村剩余劳动力就业难。农村城镇化水平低，劳动力转移难度大，农村剩余劳动力就业不充分；五是城乡统筹条件不充分。底子薄，财力差，骨干企业少，工业化程度不高。比较强劲的产业集群还没有形成，城乡二元结构基本没有破除，各种要素在城乡之间合理配置的机制尚未建立，以城带乡，以工促农的条件还不完全具备；六是农村社会事业发展滞后。农村教育水平低，医疗卫生条件差，社会保障落后，上学难、看病难、看病贵的问题普遍存在；七是农村基层党组织战斗力不强。一些农村基层党组织涣散，多年没发展党员、没开展组织生活，像潜艇一样潜入海底；八是农村社会治安状况不佳。农村社会矛盾突出，各种刑事犯罪时有发生。要根本解决达州市农村存在的问题，必须加强基层党组织建设，充分发挥农村党支部的战斗堡垒作用。面对建设社会主义新农村的新形势新任务，达州市农村基层组织必须更新观念，强化功能，改进方法，提高能力，更好地发挥作用。在这样的背景和要求下，达州市委、市政府结合"三级联创"活动，提出了以"班子队伍带村、人才科技兴村、民主法制管村"为内容的"三村建设"工程，以此推动全市基层农村全面小康社会建设和社会主义新农村建设。

二、达州市基层农村"三村建设"的目标

"三村建设"的各项内容是相互联系的统一整体，其中，"班子队伍带村"是灵魂，"人才科技兴村"是关键，"民主法制管村"是保障，三者统一于新农村建设的伟大实践，服务于农村全面建设小康社会这一宏伟目标。

1. 班子队伍带村

"班子队伍带村"要求坚持以人为本，充分发挥村级党组织的领导核心作用和党员干部的先锋模范作用。必须选准配强村党组织书记，健全村党组织班子，使群众对班子和书记的满意率达到95%以上。还必须使100%的村"两委"干部、85%以上的党员掌握2门以上的实用致富技术,农村党员干部家庭年均纯收入处于全村中等以上水平。这要求乡镇党委切实加强领导，帮助村党组织制定好发展规划，落实致富项目，及时研究解决村党组织存在的突出问题，使全市"五个好"村党组织达到65%以上。

2. 人才科技兴村

"人才科技兴村"要求着力发挥农村党员干部和实用人才在推广农村实用技

术、富民兴村中的骨干作用。加大农村实用技术和市场经济知识的培训力度，使青壮年农民中达到农民技术员水平的占50%以上，掌握2门以上的实用技术的达到60%以上。每年有两个以上新产品、新技术、新机具得到重点推广。农民增收中科技贡献率达到50%以上。坚持党管协会和协会民办、民管、民受益原则，抓好协会的建立和发展，规范协会运行机制，引导协会为农民群众致富增收提供优质服务，通过2~3年的努力，使"支部+协会"覆盖全市65%的村。找准适合本地经济发展路子，形成乡镇有支柱产业、村组有种养大户、户户有致富门路的农村经济格局，力争城镇近郊区农民每年人均增收200元以上，其他区域农民每年增收130元以上。

3. 民主法制管村

"民主法制管村"要求以法律法规制度为依据，落实村民的民主选举权、民主决策权、民主管理权和民主监督权，营造良好的农村治安和发展环境；健全村"两委"工作运行机制，实现支部工作规范化、村务工作法制化、民主监督程序化。村级各项制度健全，执行有力，村民对村务、组务公开满意率达到95%以上。村民自治工作达到村民自治"示范村"标准。加强对村民的法制宣传教育和社会治安综合治理，群众对社会治安的满意率达到85%以上。推进农村精神文明建设，村风民风好，经上级验收的遵纪守法户达到95以上，五好家庭户、双文明户达到50%以上。

从以上"三村建设"的目标可以看出，"三村建设"体现了"四个更加"：一是更加突出班子队伍的核心关键地位，特别是扭住选好村支部书记这个"牛鼻子"，构建关键在领导、基础在支部、落实靠党员、发展靠人才"四位一体"的工作格局；二是更加强调科技民主法治的提纲挈领作用，将科技、民主、法治融为一体，强调以班子队伍建设为切入点，用科技推动发展，用民主凝聚人心，用法治确保稳定，使千头万绪的"三农"工作变得方向明确，重点突出，效果显著；三是更加强化党的建设与农村发展的相融互动，在推进农村党的先进性建设的同时，构建一手抓党建一手抓发展的常抓不懈的长效机制；在推进党委总揽、组织部门牵头、相关部门紧密配合的同时，构建党建和经济社会系统推进的互动机制；在捆绑使用项目资金的同时，构建"工业反哺农业、城市支持农村"的凝聚机制，有利于实现党的建设与农村发展相融互动；四是更加重视党管农村工作成效的群众满意程度。坚持"对上落实组织要求、对下回应农民诉求"，立足根本和长远，从农民最盼的事做起，从群众最怨的事改起，加快农业生产发展，加大改进人居环境，加速提升生活质量，让更多的农民群众得到更多实惠，就会让更多农民群众得到更大程度的满意。

三、达州市推进"三村建设"的具体举措

为了实现"三村建设"的具体目标，该市推出七大举措，使农村党的建设和新农村建设向抓关键、抓重点、引路子、打基础转变。

1. 支部是核心

一是着力选好配强支部。立足就地选才，全面推行"公推直选"，为全市 2 000 多个村选好配强党支部书记。立足多方引才，在回乡的退伍军人、退休干部、务工人员、回乡大学毕业生中优选 1 100 余人充实到村党支部班子。立足下派育才。近三年共选派 1 200 名市县机关干部到村任职，2007 年选聘的 300 名大学生村（社区）干部全部到岗到位。目前，全市村党支部班子平均年龄下降为 38 岁左右，大专以上文化程度达到 75%；二是着力增强能力。加强"双向培养"，坚持把村党支部成员培养成致富带头人，把优秀致富带头人培养成党员或村党支部成员。加强素质培训，市县分工负责对村党支部书记定期轮训，不断提高村党支部的带富能力和帮富素质。加强实践，通过办"农民夜校""科技党课"、建"科技示范基地"等形式，推动近万名村党支部成员在农村第一线接受教育，经受锻炼；三是着力强化激励。制定《关于进一步调动农村基层干部积极性的意见》《关于调整村干部误工补贴标准的通知》，建立健全系统配套的教育培训、表彰奖励、监督管理、权益保障等机制。近三年来全市共表彰优秀村党支部书记 700 余名，在 2006 年的乡镇换届中，新提拔 14 名优秀农村党支部书记进入乡镇领导班子，2007 年从优秀村（社区）党组织书记、村（居）委会主任中定向考录 52 名乡镇（街道）公务员，打破了"政治进步封顶，干好干坏一样"的陈规，调动了广大村干部干事创业的积极性和创造性。

2. 农民是主体

围绕激活农民的主体作用，一是用教育引导。依托党校、农业院校等传统渠道，开辟田园学校、农民夜校、远程网络等新途径，着力提高农民科技意识、民主意识和法治意识，增强参与"三村建设"的主动性。共培训村干部 8 000 多人、"土专家""田秀才" 6 万人次、农民工 416 万人次，培养实用技术人才 1.2 万名。二是用工作推动。坚持因地制宜，不搞整齐划一；坚持群众自愿，不搞强迫命令；坚持循序渐进，不搞遍地开花；从规划的制定，到方案的选定；从资金筹集，到资金的管理；从项目的选择，到质量的监督，都坚持阳光作业，

由农民做主。三是用激励促进。采取政府规划、以奖代补、部门帮扶、社会共助等措施，调动农民积极参与，三年来调动农民投入资金7.6亿元。

3. 规划是前提

一是坚持规划先行。按照一次规划、分步实施，先易后难、逐步推进的原则，结合县域经济社会发展规划，制定了3年近期规划和10年长远规划；二是坚持系统配套。组建专业规划组，深入农村基层，将"三个文明""五个建设"规划到村，细化到户，确保规划的科学性和指导性；三是坚持规划揽总。实施中，统筹相关部门"各炒一盘菜，共成一桌席"，加大建设力度，提升工作效果。三年来，共建成了227个示范村，初步展现出新农村的崭新景象，发挥了较好的示范带头作用。

4. 投入是关键

在激活农民主体投入的同时，探索出七个投入渠道。一是政府引导投入。主要是加大财政投入力度，同时增加党费对农村党员活动阵地建设的投入。三年来，全市投入"三村建设"的专项资金17 500余万元，党费补助党员活动阵地建设500余万元；二是项目捆绑投入。按照"用途不变，统筹使用"的原则，对财政、建设、交通、国土、畜牧、农机、水利、林业、文体等方面的项目资金实行捆绑使用；三是部门帮扶投入。开展部门帮村活动，三年来投入帮扶资金7 000余万元；四是结对帮扶投入。开展党员帮扶活动，党员、致富带头人为困难户帮扶资金760余万元；五是社会捐助投入。发动本地的在外工作人员、成功人士回报家乡，捐助"三村建设"，三年来收到社会各界捐款650余万元；六是政策优惠投入。在政策原则内对有关费用实行政策减免，三年来共减免收费570万元；七是金融支持投入。争取到国家开发银行以"三村建设"为载体，探索开发性金融支持新农村建设的新模式。目前，国家开发银行已同意首批贷款资金5 300万元。

5. 产业是支撑

一是着眼做大"龙头"，用产业联动企业。围绕发展现代农业，达州市已建成苎麻、橄榄油、畜禽、中药材、茶果菜等五大特色农业产业，培育了一批发展快、辐射强的龙头企业；二是着力做强"龙身"，用企业联动基地。227个示范村建成农业科技示范园10个，共3.1万亩，实施特色农业项目200多个；三是落脚摇活"龙尾"，用基地联动农户。带动农户应用科技新产业、新技术、新机具，特别强调用科技加速产业发展，发挥龙头企业对科技的推动作用。全市农业产业化企业发展达 530 多家,直接带动 12 万多农户。用"支部+协会"模式提高农户抵御市场风险的组织化程度,全市已建各类协会 1 500 余个,覆盖了全市 80%以上的村。

6. 机制是动力

一是建立投入机制。按照"政府三导,农户主体,城市支持,工业反哺,社会共助"的思路,探索出"1+7"模式投入渠道;二是建立激励机制。实行以奖代补,结队帮扶,税费减免等措施,用更多实惠调动农民建设自己美好的家园;三是建立城乡一体机制。重点加强公共财政向农村倾斜,公共服务向农村覆盖,公共设施向农村延伸,加大对农村"少取多予放活"的力度;四是建立工作机制。建立"党委揽总、组织部门牵头、部门配合、纵横联动、齐抓共管、利益共享"的工作机制。在纵向上坚持"一点一点地抓,一线一线地连,一片一片地推"的思路,循序渐进,常抓不懈,使新农村建设从抓点示范逐步到连线扩面。在横向上强调凝聚智慧,坚持班子队伍、人才科技和民主法治协调推进。

7. 民主法治是保障

一是用民主凝聚人心。围绕落实农民"四权",坚持村官民选,在村换届选举和村干部出现空缺时,实行村党支部书记"公推直选"和村委会成员"海选";坚持村务民管,实行集体资产由村民理财小组管理,村务报账由理财小组审核,建设项目由村民派代表全程监督管理;坚持村事民决,研究村务请村民听证,村级重大事项交由村民或村民代表会议投票表决,执行结果由村民评判。二是用法治促进和谐。结合开展"四五""五五"普法宣传教育,深入开展送法到村活动。

四、达州市基层农村"三村建设"的实践效应

通过四年的努力,目前达州市已形成"党委揽总、组织部牵头、相关部门配合、乡镇组织、农户实施、纵横联动、齐抓共管"的工作新格局,"三村建设"取得了初步成效。"三村建设"不仅完全符合党的十六届五中全会提出的建设社会主义新农村的目标要求,而且得到了广大干部群众的真心欢迎和积极参与。据达州市有关部门对 500 名干部群众问卷调查统计,500 人中有 491 人认为"三村建设"能促进农村经济大发展,占 98.2%;有 486 人认为村党支部在"三村建设"中显示出了先进性,占 97.2%;有 471 认为农村党员起到了示范带头作用,占 95.4%;有 486 人认为农村风气明显好转,干群关系更加融洽,占 97.2%。

渠县中滩乡年逾70岁的郑礼其老人在接受中央电视台《焦点访谈》栏目记者采访时动情地说，"三村建设好，现在是楼上楼下电灯电话，活了几十年，没有过上这么红火的日子"，表达了群众的期盼之情和喜悦之情。

"三村建设"之所以取得了初步成效并得到群众的广泛拥护，有如下原因。

1. "三村建设"是提升基层党组织执政能力的好载体

"三村建设"坚持班子队伍带村，把全面提高农村基层干部队伍素质，提升基层党组织的执政能力作为工作的出发点，抓住了农村工作的根本。一是抓住乡、村班子选配这个关键。达州市通过对后进支部的整顿、公推直选、交流等方式，使农村一大批"能人"走上乡、村干部岗位，使农村基层组织的凝聚力、战斗力显著增强；通过对农村基层干部的教育、培训，使广大基层干部思想得到洗礼，素质得到提高，从而大大提高他们依法行政和领导农村工作的水平和能力。达州市开江县在全国率先开展"公选直推"乡党委书记活动，把过去由党员选党委委员、再由党委委员选书记这一传统做法，改为由全体党员"公推直选"乡党委书记；达州市万源市实行村干部异地交换，开创了全市村干部异地交换的先河；二是坚持了以人为本这个根本。该市根据农村税费改革和村组合并后，村干部劳多酬少，"村官"难选难当的实际，完善了农村基层干部专项基金，提高村组干部的待遇，使优秀农村干部政治上得到重用，经济上得到奖励，舆论上得到表彰，素质上得到提高；三是紧紧扭住转变作风这个抓手。以开展保持共产党员先进性教育活动为契机，抓好乡镇和村组干部理想、信念和宗旨教育，切实转变工作作风。特别是农村税费改革后，努力实现政府工作重心的转移，使政府职能由指令型、管理型转向服务型、引导型；日常管理由"为民做主"转向"让做主"；工作方法由行政命令转向"政府引导，部门服务，村民自治，政务公开，典型示范，以点代面"。

2. "三村建设"是加快农村经济发展的好途径

"三村建设"强调人才科技兴村，充分发挥农村党员干部和实用技术人员在推广实用技术、富民兴村中的骨干作用，对农村经济跨越式发展具有重要意义。一是"三村建设"为农村科技知识的大普及提供了平台。在"三村建设"中，达州市通过深入开展科普一条街、送科技下乡、科普赶场、农村实用技术培训、技术信息发布会等，大力宣传科技知识、科学思想、科学方法和科学精神；二是"三村建设"为农村实用技术的大培训搭建了舞台。达州市大竹县成立"农村实用技术宣讲团"，到乡镇、村巡回宣讲，重点推广水稻旱育秧、杂糯间栽、连作免耕、玉米地膜栽培、稻田保护性耕作、网箱养鱼等种养技术。通过培训，全县95%的农村劳动力掌握了2门以上的新技术，加快了增收的步伐；三是"三村建设"为农村科技成果的大转化畅通了渠道。在"三村建设"中，该市各乡镇普遍建立了"农经网络信息服务中心"，及时收集、反馈农民需求的实用技术、气象、市场供求等信息；组织当地懂经营、会管理的"土专家""田秀才"给农村党员、干部和群众传授农村实用科技；加大对苎麻打剥机、水稻联合收割机等新型农机具的推广力度，使科学技术转化为现实生产力，实现了依靠科技增收的目的。

3."三村建设"是实现农村社会和谐稳定的好法宝

"三村建设"坚持民主法制管村，为实现农村社会的稳定与和谐奠定了基础。该市在"三村建设"中，大力推进农村基层民主政治建设。一是全面推进政务公开，实行村民自治。该市按照"民主法制管村"的要求，健全村党支部、村委会议事规则。凡涉及村民利益的重大问题，均提交村民代表大会讨论，由村民投票表决；在村级财务管理上，严格实行一支笔制度和村理财小组审查制；在涉及集体经济项目的承包问题上，一律实行公开竞争；在村组干部管理上，实行村党支部、村委会每年定期工作报告制，接受群众的监督和评议；二是搞好普法教育。该市充分利用广播电视、讲座、"送法下乡"、法制培训、法律考试和"以案说法"等形式，对村民进行法制宣传教育，使农民群众增强学法、懂法、守法的意识；三是切实搞好农村社会治安综合治理。通过加强创建"平安"工程的领导，对治安问题突出地区和突出问题进行专项整治，特别是认真贯彻落实农村税费改革、粮食直补、退耕还林、灾歉减免、低保等惠农政策，严肃查处各种坑农害农事件，维护群众利益，确保社会稳定；四是积极推进农村精神文明建设，结合农村基础设施建设，农民建园、建家、环境美化等活动，引导农民改变一些不良生活卫生习惯，促进农村和谐与全面发展。

4."三村建设"是加强农村党建工作的好抓手

"三村建设"以农村为中心来开展工作，朝着党的建设的总目标来加强工作，体现了新时期农村党建工作的新特点。在工作中，达州市注重用机制、制度来推动"三村建设"工作，把"三村建设"纳入党建目标考核 特别是年度综合目标管理，严格奖惩。凡当年"三村建设"工作不落实或没有完成任务的单位，追究有关责任人的责任，情节严重的给予组织处理，以此来推动全市"三村建设"纵深发展。

人口老龄化背景下欠发达地区老龄事业发展探究

——以达州市为视角

人口老龄化是反映一个地区（或国家）人口的增长和老龄化的过程。根据国际社会通例，60岁以上人口占总人口的10%以上，或65岁以上人口占总人口的7%以上的社会被称为老龄化社会。当前，我国人口老龄化发展趋势主要表现为：第一，老年人口规模进一步加大。据估计，我国60岁以上人口2014年将达到2亿，2026年将达到3亿，2037年超过4亿，2051年达到最大值，之后一直维持在3亿~4亿的规模；第二，老龄化发展进程进一步加速。2014年，65岁以上老年人占总人口的比例从7%提升到14%，发达国家大多用了45年以上的时间，中国只用27年就完成了这个历程，属于老龄化速度最快国家之列，并且重度老龄化和高龄化问题将越来越突出；第三，老龄化进程将超前于现代化。发达国家是在经济发展实力较为雄厚的情况下步入老龄化社会的，而中国却是在经济实力比较薄弱的情况下提前进入的，属于典型的"未富先老"；第四，人口老龄化和人口总量过多的双重压力越来越凸显。

人口老龄化是一把"双刃剑"，虽给经济社会的发展带来了机遇和挑战，更带来了不利影响。具体说来，主要表现为：一是劳动力供给不足。伴随着人口老龄化进程加快，必然出现劳动年龄人口比重下降，从而影响劳动力的有效供给。据预测，到2015年，中国的人口抚养比将由2000年47.6%下降到33%左右，从需要被抚养的社会人口总量与劳动力供给数量的比例来看，劳动力的供给数量远远不能满足老龄化社会日益增长的物质文化需求，劳动力总量供给明显不足；二是家庭养老负担太重。随着人口老龄化、高龄化加剧，失能、半失能老年人数量将持续增长，随着生育率的逐渐下降，"8-4-2-1""4-2-1"家庭结构日益普遍，家庭供养资源减少，子女养老人均负担从目前的1/4~1/5上升到1/2，甚至更高；三是社会保障成本过高。随着人口老龄化进程加快，离退休人数迅速增长，养老金的支出也增长。从连续10年来养老金支出的数据可以知晓：2002年我国养老金支出为2 843亿，2003年为3 122亿元，增长9.81%；而到此后的 2008—2011 年,养老金支出直线上升,年增长分别达到 23.89%、20.35%、18.68%以及 20.94%。

本书通过对学术界关于老龄事业发展相关文献进行梳理以及对在老龄化背景下欠发达地区的达州市如何推进老龄事业发展作为研究个案,以期对当前学术界深化有关老龄事业发展研究和政府部门决策提供参考。

一、理论探究:人口老龄化背景下老龄事业发展研究综述及启示

(一)市内研究综述

目前,达州市内部分学者针对人口老龄化背景下达州养老事业的发展,从不同角度进行了探讨。刘长江教授主持的"革命老区达州社会养老服务体系建设的现状及对策研究"课题,对达州严重老龄化下的社会养老服务体系建设现状从成效和问题两方面进行了深入剖析,提出了革命老区达州市社会养老服务体系建设的相应对策:从政府着手,充分发挥政府的主导作用,并致力于发展社区经济,把社区建设成为社会化养老的重要依托;运用市场手段大力发展社会养老机构,促进社会化养老机构的多元化投入和养老机构资源的合理使用;促进养老民间组织的快速健康发展;加强与地方高校合作,培养高质量的老年服务人才。王辉(2011)在《加快中西部地区民办养老机构发展研究——以四川省达州市为例》中,对达州市的民办养老机构进行了调查,分析了存在的问题,提出了相应措施。他认为,政府应从思想上为民办养老机构发展予以重视,落实相关优惠政策;在资金上予以支持,构建专业的评估管理机构,提高管理水平;整合现有资源,提供教育培训。以上研究成果皆采用实证研究的方法,对达州市老龄化背景下老年服务体系建设和养老机构的发展进行探讨,对本研究提供了重要参考。

(二)市外研究综述

1. 对人口老龄化的研究

全微曾(2010)指出我国人口老龄化的特征可以形象地表述为"二高三大",即:高速、高龄、老人数量大、老年抚养比大、地区差异大。周薇、郭爱妹(2010)则指出,中国人口老龄化存在着人口老龄化速度加快、城乡与东西部的发展差异大、赡养老年人比重超出正常标尺、老年群体层次差异明显、空巢家庭数日益增加等问题。张松(2009)指出,我国与世界上任何一个国家都一样,要想进入一个人口发展相对静止和稳定状态,就必然会经历人口老龄化这一阶段。

晏月平、廖炼忠（2010）指出，在我国进入老龄化社会时，其人均国民生产总值还不到1 000美元，这对妥善处理和进一步发展我国老龄事业带来了相当大的困难。胡月（2009）指出，我国当前的经济发展水平还不发达，在人、财、物方面对如何应对人口老龄化经验不足，同时还面临诸多困境，如老年人口占比过大、老龄化程度过快、养老资源严重匮乏。蔡昉（2011）指出，"未富先老"型的人口老龄化给我国经济和社会发展带来了极大的挑战，中央以及地方层次都必须尽快制定和实施积极战略来应对人口老龄化。林宝、张妍（2010）指出，虽然我国的人口老龄化进程加速，已步入快速发展阶段，但在如何处理人口老龄化带来的各种问题和挑战时，我国还缺乏一个操作性较强的国家战略。

2. 对老年人养老需求的研究

刘颂（2004）指出，在老年群体的精神需求中，最为突出的是生活安全需求，而最为敏感的是社会尊重需求。马彦（2009）指出，从老年人的养老需求来看，大致包括三个方面：物质经济需求、生活照料需求和精神慰藉需求，因而在赡养老年人时要将三者搭配组合，更加注重在精神上给予老年人以慰藉。李兵、张恺悌（2011）指出，当前影响老年人需求的因素主要包括：一是老年人自身因素，即老年人的思想观念、受教育文化程度、身体健康状况以及退休前所从事工作等；二是家庭因素，即老年人的婚姻状况及居住情况、子女对其的关爱和重视程度；三是社会因素，即老龄事业发展程度、老龄产业发展状况以及国家相关政策等。

3. 对当前养老模式的研究

我国现存的养老模式主要有家庭养老、社区养老、机构养老、住房养老、政府养老等。但在诸多的养老模式中，姚远（2000）认为占据主导地位的是家庭养老，但随着社会经济发展和生活条件变化，家庭养老的主导地位将逐步被机构养老、社区养老等社会化养老方式所取代。徐寒冰（2000）认为，居家养老的服务内容不应只注重事后的补救性服务，而应更加注重事前的预防性和发展性服务，积极建立一张包含生活照料、医疗服务、预警处理等多方面内容的服务关系网。

王辉（2008）指出，自然性、营利性、社会保障性作为社区的三大属性，使得社区养老模式更加行之有效，逐渐变成我们养老的第二空间。全微（2010）指出，我们应对现有的养老资源充分挖掘，构建以家庭养老模式为主、社会养老模式为辅的多层次养老体系，努力推动家庭养老和社会养老的有机结合，充分开发老龄产业，为迎接老龄化高峰的更大冲击创造雄厚的人力资源条件。袁霞（2007）指出，应当在充分调研我国经济、社会等方面的实际发展情况上，努力构建和完善以社区为依托、家庭养老和社会养老相结合的养老模式。

张晓青（2007）则介绍了国外以房养老模式的特征和先进经验、我国推行此模式的时代背景和适用性，提出了"我们应当开拓养老金的来源渠道，放宽养老思路，使养老方式呈现多元化发展"。王艳芳、冯志涛（2007）则指出，人们当前在设计和建设养老模式时，过多关注于社会经济发展条件，而对于老年人的真实需求却把握较少。

4. 对老龄事业发展存在问题及对策的研究

在调研我国大部分城市的养老服务建设后，中央党校专题调研组明确指出了我国的养老体系建设还存在诸多问题，最为突出的便是——养老服务体系与当地的经济社会发展不相适应，与日趋严重的老龄化形势不相对应。为此，研究组认为应当建立健全以居家养老为基础、社区养老为依托、机构养老为补充，政府主导、社会参与的多元化养老服务体系。

贺银凤、周英华（2009）指出，目前中国养老服务体系存在的突出问题是：家庭护理基础相当薄弱、社区服务建设较为缓慢、老人福利机构资源相对匮乏、养老服务体系目前相对不完美。张琪（2011）指出，中国的养老服务体系还处在起步阶段，其凸显出来的问题主要表现为：一是社会上老年服务的需求与供给存在总量及结构上的失调；二是现行的养老服务水平和质量无法满足老年人需求；三是养老服务管理体制和运行机制相对落后，不能满足发展需要；四是政府对养老服务的重视程度不够，政策扶持落实不到位。

陈功、宋新明（2004）等研究组认为，我国老龄事业目前已引起政府高度重视，养老服务设施和老年活动设施建设也取得较大进展，初步形成了社会化和市场化相结合的老年服务体系。王振耀（2009）撰文提出，中国要建立一个符合现代需要的养老服务系统，就必须处理好九个方面的问题，即行业体系建设、标准管理体系建设、投资融资体系建设、咨询服务体系建设、技术开发体系建设、培训教育体系建设、信息支持体系建设、社会支持体系建设和政策支持体系建设。李兵、张恺悌（2011）等指出，政府在完善社会化养老服务体系时，一定要根据老年人的实际需求、需求重点以及需求顺序来确定发展机构养老、社区养老和家庭养老的方案和对策。

李立国（2010）指出，加强养老服务体系建设，必须着力两大方面：一是把全方位发展和重点事项突破有机结合，互为作用；二是统筹兼顾软硬件的建设，注重建设老龄事业发展需要的软件及网络服务。刘晓梅（2011）主张在构建现代化的养老服务体系时，一定要厘清老年人到底需要什么样的服务和需求，当前养老服务是否得到老年人的认可。张本波（2008）主张在养老需求分析及成本核算的基础上，建立一个融合家庭、社区和机构的多支柱养老服务体系。柴效武（2013）指出，随着"四二一"家庭模式普遍出现，家庭养老功能在未来将会日趋弱化，而在社会养老资源还不丰富的情况下，可以探讨以房养老模式，打造将房子养老、儿子养老、票子养老三者融为一体的新型养老保障体系。

5. 对老龄产业发展的研究

魏一、张秀芳（2001）认为，营利性与非营利性相结合、市场性与政府宏观调控性相结合是我国老龄产业最为突出的特征。冯永华（2011）指出，社会上对老龄产业内涵的认识存在四种基本观点，最被人们所认可的是：老龄产业是所有那些为了满足老人的各种需求所从事生产、加工、运输、商业、信息以及其他服务活动的企业的集合。

张梅（2012）提出我国老龄产业发展具有强大潜力：一是人口老龄化趋势的加快为老龄产业的快速发展提供了动力；二是养老金不断增加以及收入不断增多为老龄产业发展创造了可能；三是日益扩大的消费需求为老龄产业的发展奠定了基础。胡晓微、夏敬哲（2010）认为随着社会发展，老年人对人际交往及各种休闲娱乐活动的需求将变得越来越丰富，从而对发展适应人口老龄化和社会经济实际的老龄产业的需求也越来越强烈。

逄晓婷（2010）认为制约我国老龄产业发展的因素大致包括市场细分程度不够、产业定位不明晰、社会保障不到位以及老年人群体的自身特点限制。陈功、宋新明（2009）等研究组提出，我国老龄产业目前还存在资金不足、政策支持少、发展规模较小、市场研发不足、缺少市场规范和标准等问题。陈英（2011）认为老龄产业的发展需要政府的大力支持，即加快健全和完善社会保障体系、协调社会福利事业与老龄产业共同发展、建立养老产业资质评估系统、完善养老服务机构管理和实施"走出去引进来"的战略。

伏绍宏、李俊霞（2012）认为老龄产业的发展需要：一是加快培养老龄服务专业人才，强化服务理念；二是组建老龄服务职业培训学校，积极开展养老护理专业人员职业培训和职业资格认证工作；三是组建以从事老龄产业的企事业单位、社会团体和老龄产业研究专家为主体的老龄产业协会。张梅（2012）也认为老龄产业要得以发展，人才是保障。要积极培育和发展中介组织和志愿者队伍，鼓励和吸引专业的社会工作者加入老龄产业人才队伍，加快培养老龄产业发展所需的各类人才，特别是要加快培养急需的老龄产业管理人才。

（三）学术界的理论研究对老龄事业发展的几点启示

上述学术界关于老龄事业发展的研究，既为老龄事业进一步发展提供了强大理论支持，更指明了前进方向。一是抓好规划。加强养老服务设施建设是老龄事业发展的重要条件之一，为此要将养老服务设施建设纳入地方发展的总体规划中去，积极编制养老服务设施专项规划和建设用地规划，规划和建设好养老服务设施和老年活动场所；二是构建多元化投入机制。除加大政府公共财政投入外，还要鼓励社会资本主体积极参与养老服务项目建设，增大社会力量建设养老服务的吸引力；三是培育多种养老服务模式。要大力发展居家养老、社区养老、机构养老等服务模式，通过政府购买、财政补贴等方式加大对养老服务企业和社会组织的扶持力度，鼓励社会组织和企业兴办或运营社区日间照料、老年活动中心等养老服务设施，加快养老服务信息平台及应急救援服务网络建设；四是完善人才培养培训政策。高等院校和中等职业学校要增设养老服务相关专业和课程，鼓励毕业生从事养老服务工作；要鼓励社会力量兴办养老服务培训机构，积极开展养老护理员培训，加快建设养老实训示范基地；五是强化后续监督落实。各级政府部门要把老龄事业发展纳入政府目标管理和绩效考核中去，加大推进力度，健全工作机制，加强督促检查，对工作未达标的要责令限期整改，对工作不落实的要严格执行责任问责制。总之，未来25年，是我国应对老龄社会的关键准备期，也是重要的战略机遇期。全社会要充分认识到老龄化问题，各级政府部门要编制科学合理的老龄事业发展战略，完善老龄事业法律法规，健全老龄事业管理体制，加大对老龄事业的投入，加快老龄事业的发展。

二、个案探讨：人口老龄化背景下达州市推进老龄事业发展存在的问题及路径分析

据有关部门测算，到2015年末，达州市60岁以上老年人口将达到120万左右，约占人口总数的17%；80岁以上老年人口将超过15万，约占老年人口总数的12.5%。严峻的人口老龄化形势给达州市经济社会发展带来了严重影响，对做好和发展老龄事业提出了新的更高要求。"十二五"期间，达州市在发展老龄事业方面进行了不少有益探索：①落实"以居家养老为基础、社会养老为依托、机构养老为支撑"的工作思路，扎实推进社会养老服务体系建设，积极探索医疗和养老相结合的新型养老模式，提供多样化、多层次的养老服务；②采取政府购买服务等形式，培育和扶持居家养老服务企业和社会组织，加快

"12349"居家养老服务信息平台、老年人居家呼叫服务系统和应急救援服务网络建设;③养老服务覆盖所有居家老年人,养老服务设施覆盖所有城市社区,全市养老床位数达到5万张以上,每千名老年人拥有养老床位35张以上,创建省级养老服务社会化示范社区9个,市级养老服务设施社会化示范社区14个;④完善"9073"养老格局,即90%的老年人通过自我照料和社会化服务实现居家养老,7%的老年人通过社区组织提供的各种专业化服务实现社区照料养老,3%的老年人通过入住养老机构实现集中养老;⑤积极开展老年司法救助和老年法律援助工作,全市发放惠民行动法律援助老年服务金卡2 000张,建立老年法律援助中心82个,援助涉老案件183件。通过这些探索,达州市积累了宝贵经验,全市老龄事业持续健康发展,取得了"2014年四川省老龄系统绩效管理目标考核排名第二"的佳绩。为此,加强对达州市老龄事业的研究,对于推动人口、经济和社会的可持续发展,全面建成小康社会,以及对其他欠发达地区发展老龄事业无疑具有十分重要的借鉴启示意义。

(一)达州市老龄事业发展存在问题分析

"十二五"时期,达州市老龄事业呈现出协调发展、稳步提高、整体推进的良好态势,但还存在以下一些突出的问题。

1. 思想认识片面

(1)认识不到位

据第六次全国人口普查,达州市60岁以上老年人口96.36万,占人口总数的14.1%,达州市老龄化已经进入加速期。达州市部分区县政府和领导还没有完全意识到这个社会问题的严重性,更没有把老龄事业的发展纳入科学发展的规划并提上议事日程,即使偶尔有所提及,也因为没有具体落实而落空;民众更是对老龄化的发展知之甚少,对自己以后的养老问题茫然无措;作为老龄化服务提供的市场一方更是不知道应该提供何种服务和产品来满足当下和未来老龄化发展的需要。

(2)目标不明确

老龄事业究竟应该在达到什么样一个水准?要达到几个指标才能够真正满足老年人的需求,老年人的幸福指数才最高?老龄人和非老龄人所经历的时代具有差异,生活阅历也不尽相同,对社会上某些问题的认知和理解也不一样。尤其是社会日新月异发展的今天,快节奏的生活方式,高强度的工作压力,使得上班族忙于工作和应酬,对老龄人的精神生活关注和关心较少。同时,社会上也存在部分居功自傲和内心不平静的老龄人，抱怨没有受到重视和尊重。老龄人与非老龄人沟通偏少，聚少离多，缺乏相互间的理解，这就产生了无形的隔阂，不利于构建社会主义和谐社会。

（3）责任不落实

老龄化所带来的问题，究竟是发展福利保障事业的国家责任，还是各个社会力量参与的社会责任，还是传统的"养儿防老"的传统家庭来承担的道德责任？虽然《中华人民共和国婚姻法》规定了成年子女有承担赡养老人的基本义务，但它们各自承担的比例是多少，并没有相应的政策和法律做明确的规定。长期以来，家庭和单位大多注重老龄人的物质方面需求和外在性服务，对于老龄人的精神需求和心理需求重视不够。但客观上，老龄人的需求是多元化的，既有物质方面的需求，也有精神、文化、心理等方面的需求，还有适当劳动和工作的愿望。

2. 保障体系缺失

（1）资金供给不畅

目前，政府投入是达州市老龄事业发展最主要的手段，尽管近年来资金投入越来越多，但人口老龄化和需求的增长大于老龄事业资本投入的增长，使老龄事业发展存在资金短缺问题。如果完全依靠政府投入，不有效利用和发挥社会资本作用，老龄事业的发展便不能拥有一个长期、稳定的资金环境。如达州市当前的百岁老人高龄补贴，由每人每月100元提高到每人每月300元，然而仅就这一项高龄补贴就需要财政每月支付786万元。这对于经济欠发达地区，是一项不小的支出。

（2）社保体系不全

当前达州市已基本形成以社会保险、社会救助、社会福利为基础，以基本养老、基本医疗为重点，以慈善事业、商业保险为补充的多层次社会养老保障制度框架，但老年社保领域还存在着覆盖范围窄、保障水平低、制度不健全、城乡发展不平衡、个人账户空账数额巨大、社保基金保值增值缺少可靠途径和办法等诸多问题。据调查，达州市绝大部分过去非正常就业及未参加社会养老保险的城镇老龄人仍缺少稳定可靠的养老金收入保障，生活问题堪忧。

（3）服务体系不健全

养老服务体系既包括家庭提供的各种服务和条件，也包括政府、社会提供的有关服务的制度、形式、政策等各种条件。自古以来，中国的养老方式大多以家庭养老为主。但随着经济和社会的发展，这种单一的家庭养老模式的弊端也逐渐显露出来。还有一个特别值得注意的情况是,当前社会上无子女或子女不在身边的孤寡老人越来越多,这部分老年人的养老问题已与家庭养老无缘。他们的养老问题又由谁来解决?而据调查,达州市社会养老服务体系不健全,老年人可供选择的养老方式和机构较少。

3. 规模层次低下

(1) 市场研发不足

目前,达州市的老龄事业政策大多都是依据当前的宏观发展形势来制定和确立的,对于诸如养老市场细分、老龄人需求差异等微观研究和调查分析较少。这就造成社会提供的养老产品和服务存在雷同,缺少创新,供给和需求之间的差异明显等问题。同时,在一些供需领域又存在不均衡状况,一些产品和服务市场拥挤,局部竞争激烈,而另一些产品和服务又短缺,市场供不应求。

(2) 价值挖掘不够

根据人力资源的定义,我们不难发现老龄人也是一种人力资源,是一种宝贵的人力资源。老龄人群体蕴藏着丰富的技能、经验和智慧,忽视对老年群体价值的挖掘,会导致人才资源的极大浪费。目前,我国居民寿命达到70岁以上者已经非常普遍,百岁老人也不少见。而中国现行的退休制度是女55周岁、男60周岁就可以从工作岗位上退下来,这就使得那些经验丰富,有独到专长的人才闲起来,价值没有得到有效的利用。这是一种人才的浪费,更是社会的重大损失。所以,达州市应该多吸收国际社会的先进经验,加强对老龄人社会价值的开发和利用。

(3) 就业途径单一

目前,老年人的就业途径主要依靠亲戚和朋友,而不是人力资源服务市场或就业机构。达州市专门针对老龄人力资源开发的决策和措施较少,当地的人力资源服务机构也没有专门针对老龄人召开专家招聘会,企业对于老龄人力资源的认识也不到位。老龄人再次就业一般都是依靠自我或者亲朋好友的力量,政府和社会的贡献不大。这一方面说明了老龄人获知就业渠道的途径单一,另一方面也反映出政府和社会在完善老龄人就业工作上还不够具体。

4. 管理服务滞后

(1) 专业人才紧缺

为满足社会对养老人才的需求,我国高校开始创办老年服务与管理专业,但目前也只有几所高校开设此专业,远不能满足社会需求。随着人口老龄化的不断加速,老年服务和管理实施改善,人才需求越来越现代化、国际化,为适应和满足老年事业的发展,我国必须加大培养老年服务专业人才。以四川文理学院为例,老年服务与管理专业的毕业生主要从事社会福利机构、卫生保健医院、老年护理等工作。然而,由于诸多因素的影响,老年服务与管理专业的招生情况和毕业从事养老相关工作的人数逐渐减少,愿意为老年人服务的专业人才紧缺。

(2)服务质量不高

目前在达州市养老服务机构工作的护理人员,素质普遍不高,她们一般是30到50岁的中年妇女,文化程度不高,大都是为了生计才从事此工作,在工作中对老年人的态度也不太友好。对于新知识、新技术比较难以接受,只停留在简单的梳洗、看护等日常工作,而对于有心理问题的老年人,不能进行有效的心理疏导,这为老人的康复带来了困难。

(3)管理水平落后

老龄产业的发展,应该采取产业化和市场化的运作模式,但当前大多还是旧有体制,市场运行的规范化和标准化还尚未实现,导致老龄产业和老龄服务业管理水平落后。从达州市养老服务机构的实际情况看,一是服务管理水平高的养老机构数量不足,难以满足老年人的需要;二是部分养老机构的从业人员数量不足,造成从业人员工作量加大,不能更好地服务老人;三是部分养老机构内部资源闲置,没有发挥其应有的功效,比如健身房没有用于健身,而是用于打牌、聊天;四是养老机构布局不合理,地理位置较为偏僻。据达州市2014年初数据显示,其民办养老机构占比不高,床位仅占总量的4.1%。全市除通川、大竹、渠县现有7家民办养老机构外,其余4个县(市、区)为空白,主城区民办养老机构仅有1家。

(二)达州市人口老龄事业发展路径分析

养老事业是民生之业、是"固国安业"之事。达州市作为革命老区,为立国建业做出了巨大的贡献,养老事业又是一个系统的工程,据此,达州市的老龄事业发展应有所为,有大作为。

1. 加强领导,扩大宣传

(1)加强科学研究

对养老问题的科学研究就是运用科学有效的研究方法,有目的、有计划、有系统地认识养老事业,探讨养老事业客观真理的过程。达州市要整合科研机构和社会力量，探索开展老龄事业重大项目和课题研究，积极应对人口老龄化，为科学合理制定老龄政策提供理论支持。同时还要加快老龄服务信息化建设，建立老龄事业信息采集、数据分析、跟踪服务平台，健全老年人生活状况跟踪监测系统。

（2）加大宣传力度

达州市要加强养老事业的宣传，提高全民对养老事业的正确认识。总的来说，要提高养老劳动主体的"三种意识"，即让养老劳动主体有较强的民生意识：养老事业是人民的大事、是本地区的大事；让养老劳动主体有较强的服务意识：养老事业就是一个服务性事业；让养老劳动主体有较强的市场意识：养老事业是一个产业，能创造很大的社会价值和经济价值。

（3）加深多向沟通

养老事业所涉及的部门、行业及主客体是多元的，对此，达州市需要多向、纵深沟通交流与协调，以便互相了解、互相支持、互相协作。在沟通中，达州市相关部门要注意沟通的方式与途径。一是纸质方式，可以通过报纸、宣传小手册、宣传单等形式；二是电子信息方式，可以是电视、广播、互联网和手机等；三是通过一些活动的方式，比如养老沟通下乡、养老进社区的讲座和培训等活动。

2. 一体多元，老有所养

达州市老龄问题的解决急需一些方法，并将方法总结归纳到理论高度，那就是养老模式。

（1）做深家庭养老

家庭养老是指老年人居住在家里，主要由具有血缘关系的家庭成员对老年人提供赡养服务的养老模式，适合于不愿脱离熟悉的环境，而且子女有经济能力、闲暇时间、照顾精力和照顾意愿的老年人。家庭养老模式有很大的优势：家庭养老是一种环环相扣的反馈模式，以家庭为载体，自然实现保障功能，自然完成保障过程；家庭养老促进代际交流，给予老年人精神归属感；家庭养老降低社会成本；家庭养老能在全社会形成养老尊老的风气。因此，达州市实行家庭养老能缓解政府的财政紧张的问题，能促进发扬社会尊老爱幼风尚，并能部分解决相应的养老问题。

（2）做大社区养老

社区养老是指老年人居住在家里，由社区提供养老服务的一种养老模式，适合那些子女无暇照顾，有一定自理能力且不愿意离开熟悉环境的老人。主要有两种实现方式，即由经过专业培训的服务人员上门为老年人开展照料服务和在社区创办老年人服务中心，为老年人提供日托服务。服务人员可通过帮助老人做事或者与老人进行心灵沟通，满足老人们在物质生活、精神生活、情感等多方面的需求。它最大的特点就是弥补了达州市养老机构的不足，有助于社会走向更加良好的状态。

（3）做强机构养老

机构养老是指按月交纳规定的费用，在养老机构获得专门为老年人提供护理、食宿、日常照料的养老模式。主要有养老院、福利院、临终关怀机构。政府、企业和高校三者合作或独立创办的养老机构能整合资源，使养老事业产业化，从而产生巨大的社会效益和经济效益。但由于达州市的老人或子女对机构养老的认识不足，存在对机构养老的抵触情绪，也有部分老人无力承担费用，为此，应加大宣传，完善保障，降低费用，使机构养老成为达州市未来的主要养老模式之一。

（4）做广其他模式

主要有以房养老、互助养老、异地养老、旅游养老、乡村田园养老、候鸟式养老等方式，但由于达州市在经济、文化、宗教等各方面的影响和条件限制，以上六种养老模式虽有建设，目前却鲜有老人采取。

3. 强化领导，增强保障

（1）强化政府领导

达州市各级人民政府要贯彻落实"党政主导、社会参与、全民关怀"的老龄工作方针，加大对人口老龄化问题的重视程度，加强对老龄工作的组织领导，把老龄事业发展纳入政府的经济社会总体规划中，把老龄工作纳入重要议事日程，纳入政府目标管理绩效考核范畴；要在制定规划、出台政策、投入资金、培育市场等方面发挥主导作用，不断创新体制机制。达州市老龄委各成员单位要充分发挥部门职能，履职尽责，齐抓共管，形成合力，共同推进老龄事业目标任务圆满完成。

（2）健全资金投入

要根据当前社会经济发展实际和老龄事业发展现实需要，开拓多元化融资渠道。把老龄事业发展作为民生工程的重要事项，纳入公共财政支出重点中，建立健全老龄事业发展经费和工作经费投入的自然增长机制，保障老龄事业发展所必需的资金。制定和完善促进老龄事业发展的各种优惠政策，注重政策引导和体制创新并重，鼓励慈善机构和社会资金投入老龄事业，建立政府、社会、个人相结合的多元化投入机制。

（3）重视政策保障

老龄事业的发展离不开政策的支持。为此，达州市有关部门应当密切关注老龄事业相关工作，提供及时、长效的政策保障，深入研究和规划老龄事业进一步发展的方向和方案。同时，达州市还应该对现行的政策进行研究和分析，对不适应发展需要的政策要及时修改。比如，老年人才一般知识渊博且经验丰富，在某方面具有一定专长和技能，那么达州市就应该重视政策保障，开发和利用好老年人力资源，丰富和完善老年人才市场。

4. 六维一体，"老"事能为

（1）建立社会保障体系

一是完善社会养老保险制度。不断提高保障水平，加快社会养老保险由制度全覆盖向人员全覆盖推进，逐步提高基础养老金水平；二是完善老年医疗保障制度。加快建立和完善以基本医疗保障为主体、其他多种形式和商业健康保险为补充、覆盖城乡居民的多层次医疗保障体系，逐步提高医疗保险的筹资标准及保障水平，减轻老年人的医疗费用负担；三是完善老年社会救助和福利制度。要将符合条件的老年人全部纳入最低生活保障范围，切实保障城镇"三无"老人基本生活，确保其生活水平不低于当地居民的平均生活水平。

（2）健全宜居环境体系

一是加快老年公共服务设施建设。把老年公共服务设施建设纳入城乡建设总体规划中，加强老年人相对集中住宅区的服务设施配套建设，为老年人提供一个安全、便捷、良好生活环境；二是改善老年人居住条件。改善困难老年人的居住条件，对符合经济适用住房、廉租住房等保障性住房条件的老年人，优先予以考虑；三是共建和谐生活环境。完善老年人口户籍管理政策，要为老年人随赡养人迁徙而转移户籍提供便利；要积极开展邻里互帮互助，构建和谐邻里关系，建设老年宜居社区。

（3）丰富人文关怀体系

一是加强老年教育工作。加大对老年大学建设的投入，扩大各级老年大学办学规模，积极支持社会力量参与发展老年教育；二是加强老年文化工作。完善城市社区文化设施，培育基层老年文艺骨干团队，支持老年群众组织开展健康有益的文化娱乐活动；三是加大老年人社会参与度。要加大对老年人力资源的开发力度，积极支持老年人参与社会经济发展建设，支持广大离退休专业技术人员更好地发挥作用，倡导低龄健康老人参与力所能及的志愿服务活动。

（4）构建权益保障体系

一是加强涉老法律法规宣传。积极推进老年人权益保障法制化进程，将《中华人民共和国老年人权益保障法》和《四川省老年人权益保障条例》纳入普法教育的重要内容，加大法律法规执行的督查力度；二是健全老年维权机制。有效预防，依法打击侵害老年人合法权益的违法犯罪活动，建立健全弱势老年群体的保护机制，重点关注高龄、空巢、失能等老年人的维权需求；三是做好老年人法律服务工作。主动依托各级法律援助中心，拓展援助渠道，完善援助网络，开通绿色通道，对涉老法律援助案件，优先立案、优先解答、优先指派。

（5）拓宽社会管理体系

一是加强老龄工作机构和队伍建设。加强老龄工作组织建设，完善基层老龄工作网络，配齐配强工作力量；加强老龄干部队伍能力建设、作风建设，完善监督考评机制，提高老龄工作队伍整体素质；二是规范发展基层老年群众组织。加强基层老年群众组织规范化建设，促进基层老年群众组织健康发展；三是加强和创新老年社会管理。建立完善党政主导的老年社会管理体系，逐步形成科学有效的利益协调机制、诉求表达机制、矛盾处理机制和权益保障机制，做好离退休人员管理服务工作。

（6）完善产业发展体系

一是健全老龄产业发展政策。要编制老龄产业发展规划，制定和完善老龄产业发展在工商、税收、信贷等方面的优惠政策，引导社会资金投入老龄产业发展；二是丰富老年用品和服务产品。要注重老年人特需产品的研究开发，拓展适合老年人多元化需求的服务项目；三是树立健康发展导向。积极发挥行业协会和中介组织对老龄产业发展的巨大促进作用，研究和制定老龄产业发展的质量标准，强化对老龄产业的市场监督管理，树立健康的发展导向。

21世纪，中国的社会经济发展提出了宏伟目标，即在2020年实现全面小康，2050年基本实现现代化。要实现这一宏伟目标，就必须积极应对人口老龄化迅速发展所带来的严峻挑战。因此，达州市应当完善以家庭养老为基础，机构养老、互助养老、企业养老与社区养老等并存的多元化养老模式，以老龄产业化推动老龄事业发展，把老龄产业纳入经济社会发展总体规划，积极鼓励社会资本参与老龄产业的发展，拓宽老龄产业发展融资渠道。老龄事业工程人人有责，因为人人都会老。尊敬老人、关爱老人，不仅是中华民族的优良传统美德，也是社会主义精神文明建设的重要内容，这不仅关系到全面建成小康社会目标的顺利实现，更关系到中华民族的伟大复兴进程。

第二篇　社会治理篇

城镇化背景下川东丘陵乡镇基层治理创新研究

城镇化是农村经济社会发展和国家繁荣进步的必由之路。城镇化建设的成效,既取决于中央和各级地方政府的"顶层设计",也在很大程度上取决于广大农村乡镇基层社会治理实践过程中的"摸着石头过河"式的探索。丘陵乡镇的发展一方面承接平原中心城镇带,另一方面对身后的山地地带形成辐射示范,是整个基层治理发展过程中的关键环节,它也是中西部农村城镇化过程中最具潜力的一环。本书着重以川东丘陵乡镇——达州市大竹县庙坝镇为例,探讨丘陵乡镇基层社会治理的模式与经验,以推动该类地区城镇化建设的科学发展。

一、乡镇基层治理研究现状

(一)基层治理创新研究

1. 城镇化是中国经济社会发展的必然趋势

20世纪70年代末,中国开始了改革开放的历史进程。随着生产力的快速发展进步,中国也进入了城镇化快速发展的历史新时期。社会生产力的发展和国家政策的引导,使中国城乡结构发生了很大变化,中国城镇化率由1978年的17.9%上升到1997年的29.9%,到2011年末,首次超过50%,达到51.27%。

城镇化是经济社会发展的客观规律,中国的快速城镇化有其历史的必然性。

(1)推进城镇化有利于缩小城乡和地区经济社会发展差距,优化生产力布局,提高贫困地区人民生活水平

进入21世纪以来,中国在过去30多年改革开放取得巨大历史性进步的同时,也面临着一系列"发展起来以后的难题",其中一个突出的问题就是城乡差距拉大,农村发展滞后,农民增收困难,严重束缚了中国经济向内需驱动转型发展,也成为中国在2020年左右全面建成小康社会的最大制约因素。为解决这一难题,国家适时地提出了城镇化战略,致力于使非农产业不断向城镇集聚,农村人口不断向非农产业和城镇转移,农村地域向城镇地域转化,城镇数量增

加，规模不断扩大，城镇文明不断向农村传播扩散。统筹城乡发展，开创城乡一体化发展新格局，是中国的一项长期战略任务。

（2）推进城镇化有利于在经济结构战略性调整过程中为经济发展增添新的动能

中国当前处在经济结构战略性调整的起步阶段，为了增强自主创新能力，建设创新型国家，需要扶植战略性新兴产业的发展，抑制乃至淘汰高污染、高能耗的落后产能，在这个过程中存在着经济发展大幅度下滑的风险。由于中国农村地区面积广大，农村人口众多，城镇化进程将持续数十年时间，这个进程将创造出巨大的国内需求，这种需求能在很大程度上克服淘汰落后产能以及国际需求下跌而同时新兴产业发展尚不成熟所带来的经济下行风险，为经济发展提供急需的内源性增长动力，有力支撑中国的经济结构战略性调整。

2. 推进城镇化进程必须实施小城镇为主的发展战略

城镇化既是经济社会发展进步的表现和结果，也必然对经济社会发展产生巨大影响。但是，在世界近现代史上，城镇化并不是只有成功的先例，也有很多前车之鉴。特别是在一些发展中国家，由于盲目追求城镇化发展规模和速度，一系列社会治理相关问题处置不当，也造成了很多恶果。城镇化意味着农村人口大量向城镇聚集，这些新增城镇人口面临着就业、住房、交通、教育、医疗卫生、社会保障、生态环境以及社会秩序等挑战。许多国家因为不能有效解决这些困难，导致社会局势动荡，犯罪现象多发，贫困人口大量存在，并在很长时期内制约着社会的发展进步。这种城镇化与贫困化并存的现象在一些拉美国家表现得尤为突出，以至于被称为"拉美化"现象。这表明，顺利推进城镇化是一个复杂社会系统工程，既要从国情实际出发合理确定城镇化的规模与速度，也要做好基层单位的社会治理工作。

从中国的具体国情来说，城镇化无疑将为中国经济发展增添新的内生动力，将大大缩小城乡差距，加速实现农业现代化，促进社会主义新农村建设，是农村经济社会发展和国家繁荣进步的必由之路。但是，中国城镇化过程中，大量农村人口的转移不能像一些国家那样仅仅依靠少数特大城市以及大中城市的扩张来接纳。就城镇规模而言，由于我国总体上人口多而国土面积特别是可耕地少，所以，1978年全国第三次城市工作会议就制定了"控制大城市规模，多搞小城市"的决策，1990年4月实施的《城市规划法》又做出了以小城镇为主的城镇化战略。2000年制定的《国民经济和社会发展第十个五年计划纲要》坚持了小城镇为主的城镇化发展战略思想，同时强调以实现城乡一体化为纽带，实现大中小城市协调发展。

从改革开放以来30多年的发展来看,尽管中国各类城市和农村乡镇都得到了较快的发展,但从数量来看,在2005年,全国有城市663个,而建制镇有19552个,建制镇在数量上大大超过了各类城市,在分布面积上也远比各类城市广泛,而在经济实力、国民收入、税收收入等方面,建制镇却处于明显的劣势。特大城市以及大中城市与建制镇在数量与实力上的反差说明我国建制镇的发展还远远不够,还有很大的提升发展空间,特别是当前特大以及大中城市的发展已经面临着较为严重的交通、教育、医疗、住房等"城市病"困扰的情况下,农村建制镇的加快发展对缓解城市地区问题尤为必要。

3. 乡镇治理是城镇化的重要环节,也是推进我国社会治理创新的基础性工作

中国乡镇数量众多、分布广泛,现有发展水平不高,后续发展潜力巨大。乡镇经济社会的快速发展,治理水平的不断提高,能够有效实现城镇化过程中农民的"离土不离乡",从而大大缓解大中城市"过度城市化"所带来的交通拥堵和公共服务供给紧张问题。因此,城镇化建设的成效,既取决于中央和各级地方政府的"顶层设计",也在很大程度上取决于广大农村基层乡镇社会治理实践过程中的"摸着石头过河"式的探索。

从"顶层设计"来看,鉴于中国农村特别是中西部农村经济基础落后,交通运输、文化教育等方面欠发达,在摆脱贫困方面靠自身条件很难有较大的突破,因此,基本的思路只能是国家对农村"多予""少取""放活"。"多予"的核心就是加大财政向农村转移支付的力度,实行工业反哺农业、城市支持农村,以工补农、以城带乡,靠国家和城市财政支持的外力拉动农村发展。"少取"就是减轻农民负担,把农村生产发展的成果留存于农民。"放活"就是打破城乡一体化的制度性障碍,通过制度创新促进城乡生产要素的自由流动,赋予乡镇基层自治单位建设和管理的更大自主权力,解放农村生产力,促进城乡经济协调发展。

从农村基层乡镇"摸着石头过河"来讲,就是要立足各个地方的具体实际,结合国家政策,在组织制度、管理制度、工作制度、分配制度等方面大胆探索。中国经济改革是从农村开始突破的,新时期的乡镇治理机制改革也要靠广大基层干部群众的探索创新。他们最懂基层治理的问题与条件,在推进基层治理中最有发言权。党和政府要积极支持和鼓励他们大胆探索,也要对他们实践中的经验和成果进行及时的总结。

当前，中国既处于发展的重要战略机遇期，又处于社会矛盾凸显期，加强社会建设，创新社会治理，是抓住机遇、化解矛盾、推进城镇化顺利发展的迫切要求。与经济建设相比，中国城乡基层社会建设仍然是滞后的，经济建设与社会建设"一条腿长，一条腿短"，发展不协调问题仍然突出，社会建设存在着许多亟待破解的难题，严重制约着城镇化的有序推进。全面加强社会建设，创新社会管理，不仅是时代的要求，也已成为广大人民群众最广泛、最普遍的愿望。党的十八届三中全会指出，全面深化改革的总目标是完善和发展中国特色社会主义制度，推进国家治理体系和治理能力现代化。创新社会治理，必须着眼于维护最广大人民的根本利益，最大限度增加和谐因素，增强社会发展活力，提高社会治理水平，全面推进平安中国建设，维护国家安全，确保人民安居乐业、社会安定有序。党的十八届三中全会有关推进国家治理体系和治理能力现代化的论述为我国城乡基层社会治理指明了方向。

创新社会治理，是全国各类型地区的共同任务，而乡镇是中国最基层的政治权力中心和群众自治的直接管理单位，是政府治理和农村群众自治的结合点，因而也是中国社会治理的基础性环节。在中国改革开放以来的很长一段时间内，经济和社会发展重点聚焦于城市，农村特别是内地乡镇一级基层单位的建设与发展水平低，发展速度慢，政府政策倾斜和资金投入严重滞后于城市，导致城乡差距持续拉大，乡镇社会问题突出。推进乡镇基层社会治理机制改革关系到中国城镇化建设的进程及成效，党和政府一直鼓励各地农村立足本地实际积极探索适合本地情况的城镇化道路和基层乡镇社会治理的模式与机制。

4. 中西部丘陵乡镇发展亟待加强

如同中国经济社会呈现出多元性非均衡发展一样，中国各地社会治理的薄弱环节也主要集中在中西部内陆农村地区。在这些地区，丘陵地形占有很大比例。就全国而言，丘陵面积约占国土面积的10%，如果仅就可耕地或宜居地而言，这个比例会更大一些。丘陵乡镇是那些在地理区位上处于平原和山地过渡之间丘陵地区的乡镇，这些乡镇相对于处在四通八达的平原乡镇发展有所滞后，劣势明显，而相对于处在山地位置的那些乡镇却又具有较大的优势，地势上相对平缓，交通也相对便利。丘陵乡镇的发展一方面承接平原中心城镇带，另一方面对身后的山地地带形成辐射示范，是整个基层治理发展过程中的中间关键环节，它也是中西部农村城镇化过程中最具潜力的一环。有学者指出，伴随着城乡一体化和城镇化进程的推进，介于乡村和城镇社区之间的一种过渡型社区将是一个重要的基层治理领域。

（二）中西部丘陵乡镇基层社会治理研究的现状及问题

在中国总体上快速推进城镇化的历史时期，加强乡镇基层社会治理工作，提高政府治理绩效，有大量研究工作需要跟上。如共产党组织如何在基层治理中发挥作用，如何加强党组织建设，如何理顺党政关系，如何把履行政府职能与减轻财政负担结合起来，政府机构如何转变管理机制，如何把党和政府的方针政策措施办法与本地实际相结合，如何构建社会管理和社会服务的体制机制等。

从学术界对乡镇基层社会治理的相关理论研究来看，20世纪的研究严重不足，而进入21世纪后，伴随着国家对城镇化的政策支持及城镇化进程的快速推进，相关研究有了长足的进步，研究成果数量繁多，研究水平日益精深，而且研究领域也日渐宽广。比如，以"乡镇治理"为关键词在读秀中文学术搜索系统搜索，可得2371条；在中国学术文献网络出版总库搜索，可得140条；在人大资料中心信息发布系统搜索，可得68篇。所得篇目绝大部分是21世纪所出书籍或论文，而研究领域也非常宽广。这反映出中国学术界对相关问题的研究已呈现积极可喜的局面。但总的来说，还是有三个不足。

1. 重视一般性基础理论研究，实证性研究不足，在理论联系实际方面有待深化，一些理论主张还缺乏操作上的实效性

如章荣君的《国家与社会覆盖面位移下的乡镇治理走向分析》《国家与社会关系下乡镇治理研究应考虑的三个层面》，周金恋的《乡镇机构改革与乡镇治理转型》，杨雪冬的《构建与公共参与扩大相适应的乡镇治理机制》，曹延的《乡镇治理相关问题探析》，严圣明的《我国乡镇治理模式的演变及启示》，张丙宣的《乡镇治理的问题与挑战》，吴理财的《现代乡镇治理制度的重建》等。

2. 重视专题性研究，系统性不强

有的研究基层选举，如梅丽红的《基层党组织领导班子选举改革的演进及其启示》；有的研究行政体制创新，如王建军的《关于推进乡镇行政体制创新的思考——建立精简、统一、效能的政府》，董强、李建兵的《实现政府行政管理与基层群众自治有效衔接和良性互动之初探——基于盐城10个县市区的调查分析》等；有的研究农民的权利与责任，如陈锋的《后税费时代农民权责失衡与治理性危机》；有的研究基层民主，如马得勇、王正绪的《竞争与参与——中国乡镇民主发展评估》，王洪树的《协商合作民主形式研究——兼论中国特色民主政治的发展》等。这些研究尽管都抓住了乡镇治理过程中的一些主要问题，但

是全面系统的研究还不够。

3. 重视发达地区先进典型比如江苏、浙江、成都、重庆等地的研究，内陆欠发达地区后发乡镇基层治理路径研究不足

聚焦先进典型的有陆道平《多中心治理下的苏南乡镇治理模式创新》，方柏华的《多中心视野下的乡镇治理——基于浙江实践的考察》，胡税根、刘国东的《"扩权强镇"改革的绩效研究——基于对绍兴市28个中心镇的实证调查》，王习明等研究成都、重庆地区乡镇治理的《城乡统筹进程中的乡村治理变革研究》，赵文欣、刘兴军等的《统筹城乡发展探索——解析成都模式之邛崃实践》等。这种情况，与现有经济发展水平与科研力量分布及由此决定的研究课题经费支持系统有密切关系，即总体上存在着东强西弱、一线城市管辖乡镇研究强而县辖乡镇研究弱的现象。当然，广义来讲，我们社会已经有了大量这方面的信息资料和初步的研究，如地方性平面媒体和电子媒体等，但仍然存在系统性不足的问题，很多资料还需要整合才能得出具有一定借鉴意义的结论。

中国有相当多的乡镇是县级行政机构管辖，缺乏一线大城市或发达县域经济的支持带动，因此现有研究格局远不能满足这类乡镇发展需要。基于这种背景，这里以川东丘陵乡镇达州市大竹县庙坝镇为例，用"解剖麻雀"的方法探讨农村乡镇基层社会治理的模式与经验，为进一步研究提供资料，为类似地方的发展提供借鉴，以推动内地丘陵乡镇经济社会的快速稳定发展。

二、庙坝镇基层社会治理的主要做法和成就

达州市大竹县庙坝镇位于大竹县南端，因地处平坝且庙多而得名，是达州市大竹县"南大门"和融入重庆的"桥头堡"。全镇面积71.05平方公里，辖13个村（居）委会，93个村（居）民小组，总人口42 535人，有耕地21 536亩，2012年实现GDP70 521万元，农民人均纯收入达9 397元。庙坝镇连续五年在全县综合目标考核中荣获一等奖。先后获得人民调解工作标兵镇、群众体育先进单位、经济发达镇行政管理体制改革试点镇、第三批发展改革试点城镇、农村基层团建和妇女建设示范乡镇等6项全国荣誉，获得了四川先进基层党组织、文化先进镇、综合治理模范镇、首批试点小集镇、秦王桃标准化生产基地镇等荣誉称号，是达州市工业重镇、城乡环境综合治理工作先进镇、环境优美示范镇。这样一个在本地区具有多方面先进性的内地丘陵乡镇，无疑在社会治理方面有更多的经验，对其他类似地区也有相当的借鉴意义。这里以其创新性亮点

为论述重点，但不回避一般性特征。

关于社会治理的内涵，学术界并没有一个统一的定义。一般认为，社会治理是在一个既定的范围内由政府、社会组织、社区能人和普通居民多方参与以共同管理和解决社会事务、满足公众需要的过程，其运行机制包括社会管理机制、社会自治机制、公共危机预防机制、社会问题化解机制、紧急事态应对机制、社会动员机制、社会互信机制等。治理的目的是在各种不同的制度关系中运用权力去引导、控制和规范公民的各种活动，以最大限度地增进公共利益。治理强调管理就是合作，它认为政府不是合法权利的唯一源泉，公民社会也同样是合法权利的来源，因此应该建立政府与公民的合作网络。治理不同于统治与控制，治理强调参与主体多元性、合作性、和谐性，治理方式具有服务性而非管理型。有的研究者将社会治理比作一棵"社会树"，认为社会管理是"树干"，社会自治是"枝叶"，社会基础工作是"根基"，公共利益最大化和人民幸福安康则是盛开的"花朵"。这种比喻较为恰当地描述了社会治理的几个要素，即以政府为主导和主体的社会管理系统；政府、社会组织、社区能人、普通居民等积极参与和紧密互动的社会自治系统；以教育、医疗、就业、收入分配、社会保障、环境卫生等民生相关事业为主体的社会基础工作。社会治理的理想状态即"善治"，就是国家繁荣进步，社会和谐稳定，人民幸福安康。

农村基层社会治理涉及众多问题，很多工作内容相互交叉，而中国相关的研究工作起步较晚，完善农村乡镇基层治理工作还需要党政干部和广大理论工作者在实践中继续探索。为了尽可能多地了解庙坝社会治理模式的做法与经验，揭示其普遍性与适用性，并明示其发展中面临的困惑以及探讨其应对措施，本节以社会管理、社会自治和社会基础工作为基本着眼点，从相对较宽泛的意义上研究其社会治理。

（一）加强班子队伍建设，重视思想教育和组织帮扶

党的十八届三中全会强调，社会治理要坚持系统治理，加强党委领导，发挥政府主导作用，鼓励和支持社会各方参与，实现政府治理和社会自我调节、居民自治良性互动。庙坝镇在各方面能够取得突出成就，与该镇建立的高效能的党政领导班子和严谨求实的工作作风密不可分。在基层管理与自治过程中，庙坝镇党组织对各项工作实行政治领导、组织领导和思想领导，起到总揽全局、协调各方的领导核心作用，确保党的路线方针政策的贯彻实施，做出指导地方经济社会发展全局的重大决策，同时引导和监督政府管好其职权范围内的工作。庙坝镇采取多种措施扎实推进基层服务型党组织建设，全面提高了党的建设科

学化水平。

1. 在组织工作上选优配强村级班子

庙坝镇把党组织建设作为推动全局工作的总抓手,扎实推进基层服务型党组织建设。在党组织建设中,该镇按照中央、省委、市委和县委的统一部署,以深入开展学习实践科学发展观活动、创先争优活动、基层党组织建设年活动、群众路线教育实践活动为载体,全力推进党组织建设,形成了不少新的亮点和做法,为庙坝镇各项事业的发展做出了积极贡献。

庙坝镇的村(社区)党组织建设工作呈现出以下四个特点。

(1)开创联合党支部设置模式

即在地理位置上相连的两个村共同设立一个统一的党支部。改革开放以来,农村社会的人员流动加快,造成乡村治理"精英"流失,很多地方农村在党政干部选举中出现无人可选的局面。联合党支部设置方式能有效解决农村大量精英外出背景下人才不足的问题,能够在较大的范围内选拔任用素质较高、能力较强的干部人才,同时减少党政干部队伍人数,减轻村(社区)组织财务负担,提高有限资金使用效益,还能将节省下来的资金用于提高干部待遇和工作积极性。

联合党支部在客观上开创了"富村帮穷村、先进带后进"模式。2004年10月,全县出名的特困村——华山村,与相邻的富裕村——长乐村"联姻",组建了长乐村、华山村联合党支部。经过几年的实践,长乐华山联合支部已有党小组12个,党员130名,收到了"1+1>2"的显著成效。时任省委书记、省人大常委会主任刘奇葆对建立联合党支部、实施"先进带后进,富村帮穷村"的模式给予充分肯定。

(2)丰富党支部选举方式

庙坝对所属10个村党支部采取公推直选的办法进行选举,对社区党支部采取公开选拔的办法进行选举。"公推直选"是把党委直接提名和委任变为在党组织领导下,通过党员个人的自我推荐、党员群众的联名推荐、党组织的推荐这三个环节产生候选人,然后由全体党员直接参与选举,产生党组织领导班子。"公推"是指党员和群众公开推荐基层党组织领导班子成员,是一个初始提名的过程,目的是增进基层党组织领导班子的合法性基础。而"直选"是指党员直接选举基层党组织书记、副书记,是一个自由选择的过程,目的是更好地体现选举人的意志。公推直选和公开选拔调动了村民和社区居民参与村(社区)事务的积极性,提高了干部的合民意性。

庙坝镇在村级干部配置中,创新性地采取了"定标选配、定向统配,公开推荐海选、组织考察比选、民意测评竞选、差额票决直选"的"两定四选"模式。按照"正反结合、任职回避、一定两评(镇党委政府年初为各村统筹制定年度发展目标;党员和群众代表年终对村各项工作进行民主评议;镇党委政府年终对村进行目标考评)"方式定标选配,规定"一好双强(思想政治素质好、社会管理能力强、群众工作能力强)"、年龄、学历等的正向标准,违纪违法、履责不称职、财务不过关等不得提名的反向要求,夫妻、血亲、姻亲关系等需任职回避,用"334"加权平均法评班子运行现状、民主测评方式评班子成员履职情况,以此优化党组织设置方式,分别确定了 437 个村(社区)党组织的书记和委员具体选人标准。"两定四选"模式实现了领导干部的年轻化、知识化、能人化,为村(社区)党组织班子注入了新鲜血液,增添了新的活力,为推进全镇经济社会科学发展提供了坚强的组织保证。

(3)拓宽干部选用范围

从机关事业单位中的"下派员"、带富能力强的"致富员"、在外务工经商的"返乡党员"、优秀复员退伍军人的"复员退伍党员"以及大学生村官中产生党支部班子成员等。鼓励机关事业单位干部到偏远、贫困、矛盾突出的村(社区)竞选党组织书记、委员,变"驻村帮"为"扎根干"。一些返乡外出务工人员的回归,也给内地带来了沿海发达地区乡镇管理的丰富信息和先进经验。担任干部的外出务工者感慨道:"家乡的氛围好了,政策开明开放,能够给我们发展平台,很多在外地发展的朋友都愿回家乡干番事业。对我们来讲,乡亲们的笑容才是最大的财富。"这些成功人士大都有着富不忘本、饮水思源的爱乡情结。干部"海选"的方式能够很好地体现公平、公开、竞争、择优原则,扩大选拔范围的结果是使优秀人才脱颖而出,同时也提高了干部队伍整体素质和工作积极性。近年来经过换届后新产生的班子平均年龄有所下降,大专以上文化程度干部比重增加,班子整体素质得以提高。

(4)探索建立同岗位党小组、同产业党小组、同地域党小组

打破按行政村民小组设置党小组的传统方式,将同一岗位的党员纳入"同岗位党小组",将相同产业或同类产业的编入"同产业党小组",将居住地相近的党员编入"同地域党小组",创新设置"三同"党小组设置模式,有效解决了党员活动难开展、话题难统一、作用难发挥的矛盾。将选择同一岗位的党员编在"同岗位党小组",发挥党员岗位作用,这既尊重了党员的意愿,有利于党员更加尽职尽责地为人民服务,也加强了党员干部在人民群众中的威信。在选择岗位时,75 岁的庙坝镇长乐村第一党小组成员毛裕成的一番话道出了"同岗位

党小组"因人制宜的优势。他说:"我年纪大了,眼睛看不到了,又没文化,你要让我搞产业我也搞不来。但让我管管道路,为父老乡亲们打扫打扫道路清洁,还是可以的,我就选择村道管护岗吧。"选岗后,包括毛裕成在内的 6 个党小组共 31 名党员就担负起全村 30 多公里道路的日常义务维护工作。不仅村道管护岗如此,从长乐村开建新农村综合体以来,运输岗的 6 位党员已累计义务为全村运输各种建材上百车次。现在,可以用讲政治、讲大局、做模范、当标兵来形容长乐村的党员们。

目前,庙坝镇已在所有的村党支部建立"三同"党小组,从体制上充分激发了农村党支部活力。一是有利于开展组织活动。"三同"党小组克服了因党员工作差异大而不利于安排组织活动的矛盾,将志趣相投、从业相同、年龄相仿、居住相近的党员有机组合,激发了党员参加组织活动的积极性。"我们半个月开一次党小组会,看看村里有啥毛病、问题,大家一起商量想办法。"47 岁的党员李运凯自愿选择维护治安岗党小组后,没缺席一次组织生活,总是最早到。二是有利于安排组织活动内容。"三同"党小组能根据党员的不同需求,因人制宜地安排组织活动内容,提高党员学习教育的针对性和实效性。"现在的组织活动真合胃口,不但及时晓得党的政策,还学到了咱最需要的种桃技术。"种植秦王桃 4.5 亩的鹏程果业党小组党员冯宗文感慨地说。三是有利于发挥党员作用。"三同"党小组使党员的管理更趋具体化,便于充分发挥党员的先锋模范作用。广大党员纷纷反映:"按'三同'划分党小组,把组织活动搞活了,大家说得拢、有摆头,真是对劲!"

实践证明,"三同"党小组增强了农村乡镇基层组织的凝聚力、亲和力,提高了广大党员工作的积极性和实际工作能力,提高了工作绩效。该模式被中国共产党外网专题报道、多家媒体转载,并在 2012 年全国基层党建创新典型评选中列网评第四名。

2. 工作方法上重视思想教育和组织帮扶

重视思想政治教育是中国共产党的优良传统和政治优势,也是各级党组织提高组织凝聚力,增强工作能力,密切干群关系的法宝。在发展社会主义市场经济新的历史条件下,在农村社会治理中加强对党组织的思想政治教育,不仅没有过时和落后,相反,思想政治教育还要大大加强,并不断创新教育形式,丰富教育内容。

庙坝镇党组织在工作中十分重视思想政治教育,一方面使党的组织更加纯洁高效,另一方面使党群关系、干群关系更加和谐密切。

（1）加强党员党性教育，提高政治思想觉悟

在党员干部中，深入开展"讲党性、树新风、重实干、促发展"党建主题活动，密切结合具体工作，坚定全镇党员干部党性立场，加快作风转变，增强实干意识，促进发展加速。

庙坝镇开创了形式多样的"活动"式党建法，促进党员教育常态化。他们注重加强思想道德教育，大力开展多个本土范围的主题教育活动。① 开展"乡学文建明（四川省南充市营山县城南镇党委书记，全国先进工作者、四川省优秀党务工作者，2011年在第三届全国道德模范评选中荣获全国敬业奉献模范称号），村学杨帮武"教育活动，学习文建明的"三制、三定、三教育、两下、两集中"的工作方法，学习杨帮武"讲党性、勤为民、不谋私、舍'肾'忘死"的精神。② 开展"五比"活动，即比学习，提升战略思维能力；比实干，提升科学发展能力；比创新，提升干部创新能力；比效率，提升沟通协调能力；比业绩，提升落实能力。③ 开展树立"四大理念"教育活动，即再苦再累不能散队的"团结"理念、快乐在奉献中的"奉献"理念、抢抓庙坝最佳发展机遇的"发展"理念、转变职能服务社会的"服务"理念。④ 开展争做"四心人"教育活动，即到最艰苦的地方去，培育激情做"贴心人"；谋群众最想走的路，创新发展做"用心人"；办群众最需要的事，为民解忧做"细心人"；撑群众最难直的腰，维护民权做"放心人"。

庙坝镇将"四大活动"作为日常工作有序开展，镇村均悬挂有教育活动标语口号，大会小会都在强调教育引导，机关干部和群众时时刻刻能感受到教育氛围。通过开展"四大活动"，机关干部一改往日拖拉、懒散的工作状态，一些遗留问题都得到了有效解决，机关干部为民服务意识整体增强，业务能力和综合素质均有显著提升。

（2）深化中国梦宣传教育，明确共同奋斗目标

在开展"实现伟大中国梦、建设美丽繁荣和谐四川"主题教育活动中，庙坝镇坚持定目标、亮承诺、找差距、添举措、促发展，采取丰富多样的形式把实现中国梦、四川梦活动与实现"川东一流乡镇"的乡土梦结合起来，取得了很好的效果。① 深入学习领会中国梦。在宣传教育活动中，党委政府强调要明确一个主题——放飞我的梦，同圆中国梦；喊响一句宣言——强"争一流、夺一名"理念，育"发展为民、服务为民"激情，创辉煌业绩，绘七彩人生，建设美丽繁荣和谐庙坝，为实现伟大中国梦贡献庙坝力量。在活动最初阶段，坚持一天一个学习内容、一周一次党课（或专题）、一周一个励志故事、一人至少一篇学习心得，组织领导工作扎实有力。② 营造氛围培育激情梦。通过设立"梦

想专栏",阐释中国梦与庙坝梦、我的梦的联系和内涵;设置"梦想墙",引导干部群众书写个人梦想,为本地发展建言献策,成为建设家乡、实现自我人生价值的追梦人;"梦想海报"亮梦想,制作3 000份主题海报和车贴,宣传"中国梦";"梦想诺言"证梦想,制作梦想承诺群众监督牌,公开联系和监督电话,接受群众监督;"梦想分队"讲梦想,成立6个宣讲小分队,深入农村院坝全方位宣讲,让中国梦入脑入心、家喻户晓。③通过"两下一上"达到上下互动讨论我的梦。"两下"即:镇党委组织宣讲小分队下基层宣讲,并发放《主题教育活动"互动讨论"征求意见表》,征求群众的意见和建议;结合收集的意见和建议,制定奋斗目标,并再次下基层传达贯彻圆梦举措,同时针对群众的意见和建议进行修改完善,在"梦想回声"专栏中予以公示回复。"一上"即:将收集的征求意见表和民声民意,上报镇党委,供决策参考。在讨论交流阶段,通过八种方式(领导提示、友邻借鉴、支部建议、代表谏言、群众献策、班子提议、干部畅谈、自我审视)广纳群智,明确庙坝镇建设"川东一流乡镇"的总目标,以及2013年的"三个层次、十大目标",奋力谱写"中国梦"庙坝篇章。④实干兴镇实践庙坝梦。把干部圆梦行动与实现庙坝发展新跨越结合起来,围绕建设"川东一流乡镇"的总目标,以"七个着力"为抓手(着力加快现代农业园区建设,着力壮大镇域经济,着力提升新型城镇化水平,着力壮大商贸旅游,着力改善保障民生,着力深化体制改革,着力加强基层党建),将实践庙坝梦贯彻落实于全面发展之中。中国梦主题教育活动宣传了党和政府的主张和意志,使国家梦民族梦与地方梦、个人梦合理地对接起来,拟定了干部群众共同的奋斗目标,让一些暂时面临困难的群众看到了未来的希望,形成了干部群众凝心聚力共建和谐庙坝的新气象。

(3)推广"杨帮武民心工作法",发挥模范带动作用

庙坝镇长乐华山联合党支部书记杨帮武是全国闻名的先进基层党组织干部,他是庙坝镇的"活名片"。自长乐华山联合党支部成立起,具有良好群众基础的杨帮武就被长乐村、华山村的党员、群众一致推选为庙坝镇长乐华山联合党支部书记。如今,已连续三届被推举为党支部书记。杨书记获得这么多群众的信任和拥护是有原因的。由于劳累过度,他先后4次躺上手术台,即便左肾被切除、右肾有积水、肺气肿严重、腰椎间盘突出,却依然忘我奋战在工作岗位上,被干部群众亲切地称作"舍肾忘死为乡亲"的"铁支书"。杨帮武的先进事迹先后得到李长春、刘云山、刘奇葆、蒋巨峰、柯尊平等领导同志的批示肯定和高度评价,《人民日报》《求是》、新华社等中央16家主流媒体在"时代先锋"专栏集中宣传报道,杨帮武也获得"全国优秀党务工作者""四川省优秀村

党组织书记"等多项殊荣。在挂点领导、包村部门、帮扶干部的指导下,杨书记着重加强支部建设,严格组织管理,注重工作方法,提高了支部战斗力,增强了支部凝聚力,提升了班子成员的带动力。现在可以用党性强、能力强、影响力强来形容长乐华山联合党支部。

在党建工作中,庙坝十分重视学习杨帮武"讲党性、勤为民、不谋私"的精神,推广运用"杨帮武民心工作法"(感恩教育聚民心,代办代诉暖民心,阳光议事赢民心,预防管理安民心)。

感恩教育聚民心。扎实开展良心、孝心、爱心、齐心"四心"教育活动,教育群众尊老爱幼、关爱他人、齐心协力,提升群众思想道德素质,凝心聚力建设富裕、文明、和谐新农村。农民群众大局意识、遵纪守法意识、科学文化素质得到提升,农民发展现代农业产业的信心和决心进一步增强。

代办代诉暖民心。实行民事代办,对群众需要办理的事项,由村干部代为办理;实行民情代诉,对群众申请代理的信访事项,由村干部如实向有关责任部门反映,及时将答复意见和处理结果向申请人反馈。

阳光议事赢民心。按照"全体村民提事、'一户一人'决事、村民代表评事、村民理财小组和监督小组行事"的程序,实行年初集中议事;按照"四议两公开一监督"的程序,实行平时专项议事。在建设新农村综合体过程中,按照这些既定的程序,顺利实现了"统一规划自主筹建"。

预防管理安民心。凡事料在先、谋在前;调解民事纠纷实行小事"握手式"、大事"庭审式"、难事"开放式"。安全、维稳和信访工作突出发展为先、调处为要、服务为本。

在为民服务过程中,长乐华山联合党支部还创造了为民解忧"两寻"方式,即定期"进院入户寻问题、多访常谈寻办法",真正做到"情为民所系,利为民所谋,权为民所用"。由于工作主动积极,许多问题都得到了及时有效的解决,群众在实践中感受到组织的关怀,大大提升了党组织在群众中的形象。

(4)开展"千名干部直接联系服务群众"活动、"五心"活动("强化责任心、弘扬关爱心、倡导包容心、培育敬畏心、提倡感恩心")和"挂包帮"(领导挂点、部门包村、干部帮户)活动,凝聚最广大的人民力量

2012年,庙坝镇在开展"千名机关干部下基层帮万户"活动中,按照"结对联户、蹲点入户、民情通户、服务到户"工作方式的要求,不断推进机关干部直接联系服务群众工作的制度化、规范化、常态化。党政主要领导、分管领导、部门负责人和一般干部联系党员、群众分别达到5户、3户、2户和1户。下派干部的使命是为群众送政策、送项目、送资金、送技术、送信息、送培训,

帮助群众发展产业、增收致富、建设新村。受直接帮扶的党员群众152名，落实帮扶资金5万余元，发放便民服务卡10 000余张，并设立监督信箱18个、公布监督电话3个，实现了"面对面沟通、心贴心服务、实打实办事"。同时，借春节等节庆日契机，走访慰问贫困党员、老党员、老村社干部120名，落实慰问资金26 200元。"千名机关干部下基层帮万户"活动帮助居民化解了一系列生产生活中的难事，在干部和群众中建起了"连心桥"和"传声筒"，消除了猜忌和误解，增强了信任和理解。"五心"行动提高了党员干部的觉悟，改善了党员干部的形象，密切了党群关系。

庙坝镇还以拓展深化"特困村脱贫致富计划"和新农村示范片建设为载体，全面推进"挂包帮"活动。在实施"挂包帮"活动中，领导高度重视，规划内容切实，帮扶效果明显。如长乐村由县委书记亲自挂点，县委办公室为包村部门，镇党委副书记为驻村干部，帮助指导该党支部工作。挂点领导、包村部门、帮扶干部坚持每月定期深入村社调研、检查指导工作，切实帮助解决村"两委"班子建设和经济社会发展中存在的突出矛盾和问题。近几年 挂点领导、包村部门、帮扶干部为提出建设性意见20余条，帮扶群众100余名，落实帮扶资金50余万元，取得了许多仅靠长乐华山联合党支部自身力量难以实现的成效。

在"挂包帮"活动的推动下，受帮扶村层层落实责任，既有动力也有压力。当然，过程中也存在一定的问题：一是"挂包帮"在实物及项目、政策方面帮扶较多，对群众思想观念上的帮扶相对薄弱；二是"挂包帮'活动中，包村部门单一，只能在自己的服务范围内予以帮扶，未达到全面帮扶的效果；三是挂点领导、包村部门以及帮扶干部在资金上的帮扶难以整合，要么只是对个人进行帮扶，要么只是对某一项目进行帮扶，未达到统筹安排的效果，容易引起苦乐不均的问题。受帮扶者往往期望较高，很难充分满足，而未得到帮扶者也会产生失望心理。因此，"挂包帮"活动仍然属于短时间局部性"输血"型的帮扶，其顺利实施一定要与发扬自力更生、艰苦奋斗精神的教育相结合。"挂包帮"活动适合于加强重点、树立典型，而更大范围、更长时间、更大力度的扶贫，则还是需要制度性"造血"型的措施。

（5）严格落实干部"一线工作法"四个要求

"四个要求"即时间上必须保证每月下村20天以上，入户同吃住3次以上；形象上必须树立"勤政、务实、为民、廉洁"的形象，接受群众监督；创新上必须要有新思路、新举措，并培育1项以上工作亮点；实绩上必须兑现驻村承诺，体现实实在在的业绩。按照要求，领导干部要向联系点、联系户发放联系卡，标明干部姓名、单位职务、联系电话等内容，如实撰写"民情日记"，做到随时联络、经常沟通。在具体工作中，采取入户走访、交心谈心等方式，掌握群众的思想动态，收集群众的意见建议。对联系点的困难户、上访户、老党员、老干部等走访谈心，健全干部直接联系群众档案。建立意见建议办理制度，每月召开一次专题会议，研究解决基层群众提出的问题，采取集中公示、单向反馈、分散答复、约定告知等方式反馈办理结果。

（二）深化行政体制改革，提高政府行政效能

庙坝镇政府在行政管理方面同样新意频出。2010年，庙坝镇被确定为全国25个行政管理体制改革试点镇之一以来，大竹县坚持"权力下放、人员下沉、财力下投"的思路，探索西部地区、经济欠发达地区、农业比重较大地区经济发达镇行政管理体制改革经验，做到试点工作方案细致、措施有力、成效明显，有力地推动了庙坝镇社会经济追赶跨越、加快发展。庙坝镇在行政管理方面积累了较为丰富的经验，逐步实现了由乡村管理向城镇治理转变，由经验管理向科学管理升级。试点的成功不仅帮助庙坝镇破解发展的体制障碍、理顺职责关系、优化组织结构、提高社会管理和公共服务能力，而且为西部经济欠发达地区、农业比重较大地区的经济发达镇行政管理体制改革指明了方向。

1. 创新体制、优化结构，行政效能明显提高

2005年10月召开的党的十六届五中全会决定全面推进农村综合改革，其中乡镇机构改革的总要求是：坚持因地制宜、精简效能、权责一致的原则，转变政府职能，精简机构人员，提高行政效率，建立行为规范、运转协调、公正透明、廉洁高效的基层行政管理体制和运行机制。为此，大竹县在机构及人事设置上，为激发乡镇发展活力出台了十条意见及六条补充规定，明晰县镇事权划分，赋予了庙坝镇灵活运转空间。由此开始，庙坝镇建立和完善了试点镇"四办一所两中心"。"四办"即党政办、经济发展办、社会管理办、规划和建设管理办；"一所"即财政所；"两中心"即农业服务中心、社会事务服务中心。行政编制由29名增核至34名，其中领导干部职数7名、中层干部职数10名、一般工作人员17名，形成金字塔形行政编制结构。

机构调整后，政府机构职能发生了转变，其经济工作的着力点放在制定科学合理规划、营造良好的发展环境、扶植典型进行示范引导上来，增强了社会管理职能和公共服务职能。在政府机构人员管理上推行了机构编制实名制管理，并向社会公开，接受群众监督。机关干部自主找到合适的岗位，时时刻刻明白自己该做什么、该怎么做、要达到什么效果，同时还了解此刻其他干部在做什

么、做到了什么程度、是否达到了预期效果，大大激发了机关干部的做事热情。原有事业站所实行分流，对公益性事业机构加强财政保障，而4个县级涉农部门派驻单位如农业技术推广站、农机站、畜牧兽医站等职能职责及人员全部划转至镇农业服务中心，以"服务外包"方式管理消防和场镇，实现"以钱养人"到"以钱养事"的转变，精简优化了政府组织结构。

体制改革就是制度设计，让新的制度适应新的发展需要。体制改革在一定程度上就是权力、责任、利益的重新调整和再分配，而其核心部分就是用人权、决策权和财务权。庙坝镇改革试点立足于探索经济欠发达地区、西部地区、农业比重较大地区经济发达镇行政管理体制改革普遍经验，在完善乡镇"人、事、财"三权匹配制度方面取得了一定的成果。

作为西部欠发达地区农村中心场镇、农业大镇，研究庙坝镇"人、事、财"三权合理匹配的规律，有利于合理整合乡镇政府内设机构和直属事业单位各类资源，挖掘编制人才资源潜力。

（1）机构合理、编制精干、管理主动

庙坝镇内下设机构数在7个以内。乡镇行政编制与总人口比控制在1：1 200以下，乡镇机构编制（含直属事业单位）与总人口比控制在1：600以下，乡镇财政供养人员（含教育卫生及在试点镇内开展工作的派驻人员）控制在1：200以下。在人事管理上，庙坝镇对机关及直属事业单位人员直接行使调配、任用和管理权，对镇域单位或下伸机构直接拥有"一票否决"权和任前建议权，县级相关部门按相关程序审批或备案，让试点镇真正实现"主动管人、管得住人"。

（2）权力归位、权力适度、行权规范

按照"强镇"改革思路，坚持有利发展、便民惠民、能放则放原则，庙坝镇全面获得《组织法》第61条赋予的7项权力，全面统筹管理和发展本镇各项事业。为了让下放的行政权力"为乡镇所需、到乡镇能用"，镇政府将初步拟订的36项行政自主权力扩大为118项，又调整为97项，至最终征求省、市相关部门意见后确定为96项行政权力。镇政府认真研究了下放权力的内容、方式、时限、相应责任以及期限，做到了下放权力运行规范。

（3）财事匹配、放财活血、促进发展

为了增强调控经济、发展经济的能力，按照"一级政府一级财政"的改革方向，庙坝镇坚持财政独立，固化与其权力相关联的财政收益权。同时，大竹县政府加大对庙坝镇的财政转移支付力度，扩大税费留存比例，倾斜支持政策和项目。庙坝镇造血功能不断增强，财政收入近两年年均增长在50%以上。

但是，涉及农业生产服务的乡镇事业单位人员退出事业单位编制，脱离财政供养关系，相关部门转制为自主经营、自负盈亏的企业或中介服务机构，进行"以钱养事"的市场化、社会化改革，尽管在一定程度上精简了人员机构，减轻了乡镇财政负担，但客观上也产生了一定的消极后果。它对农村基层农业生产环节的公共服务造成了实质性危害：乡镇农业技术人员流失，农业技术推广服务网络破裂。这种情况对我国走依靠科学技术推动农村经济发展的道路是极为不利的。涉农服务部门市场化后，农民减负和企业盈利形成了零和关系：要减轻农民负担，就应降低农业服务价格，而低价服务可能导致企业亏损；要保护企业盈利，按照谁受益谁负担的原则就必须保持农业服务的适当价格，而这个价格对农民而言可能就高于其承受能力，或者导致农民负担加重、使生产成本上升，生产活动收益减少，或者导致农民拒绝服务而使农业生产水平下降，而企业也由于市场不足而难以继续生存，结果农户和企业可能两败俱伤。所以，涉农服务部门市场化改革基本上是一种"一正两负"的负效改革，扭转涉农服务市场化后农民接受服务负担加重趋势亟须开创新的应对机制。

在工作安排上，既在相当程度上尊重干部意愿，确保干部工作积极性，又照顾工作大局和特殊情况的需要，实行业务岗位、驻村工作、重大工程"双向选择"和应急工作全体动员的"三双向一全员"制度。将考核制度与分配制度上挂钩，采取"出勤率+工作绩效"方式推行绩效考核，共细化健全15项制度，调动了干部工作积极性，增强了干事创业的责任感，其经验在李源潮同志来川视察时营山调研座谈会上交流。

在工作机制上，学习运用"文建明工作法"，完善党委决策、机关管理、督查督办、党建预决算"四大机制"。党委决策严格遵守提议、类总、定议、议决"四个环节"。凡涉及人事任免、重大决策都必须在充分协商的基础上实行少数服从多数的票决制。党务公开落实内容全面、时间及时、程序规范、形式固定"四个要求"。党务镇务公开提高了党政机构的透明度和公信力，规范了党政机构的服务行为，防止了暗箱操作和违法违纪事件的发生。村党支部实行"四议管村"机制，即民主提议、民主决议、民主评议、民主行议。事务上实行"四会四报"制度，即每周一例会、每月一党委扩大会、每季度一进度分析会、每年一总结表彰大会和每周例会上一条线、一个部门、一个村、一个职工向全体干部职工汇报工作；财务上实行"三规范"管理制度，即公务规范、财务规范、接待规范，杜绝超标准支出和设置虚假账目。落实督查督办预决算制。严格落实工作预决算制"四本账"制度，即年初建账、每月查账、季度算账、年终清账；实行德、能、勤、绩、廉五个方面分类量化考核；在政治、经济两个方面体现绩效挂钩，实行定岗定酬，干部自主择岗，党委审定。

经过不断探索总结，庙坝镇建立了机构设置合理、人员编制精干、管理扁平高效、运行机制灵活的行政管理体制。

2. 下放权力、科学规划，发展活力充分激发

大竹县赋予试点镇干部任免权或建议权，中层干部任免由镇党委研究决定，以部门管理为主的正副站所长任免调动必须征得镇党委同意，这种机制使干部干事创业热情得到有效激发。按照"权责一致、依法下放、能放则放、行之有效"的原则，18个县级部门委托下放96项行政管理权限。庙坝镇充分运用自主权利，进行了场镇5平方公里总规修编、3平方公里控规编制及0.2平方公里城市风貌设计的规划和评审，规划新建现代农业示范片、桃博园和22个新农村聚居点，建成华山村、寨峰村、跃进村聚居点和长乐新农村综合体，圆满完成第二届全国新农村文化艺术展演开幕式暨首场演出承办任务。启动小微企业创业园建设，完成了占地1.73平方公里的园区总体规划，首期600亩的园区征地拆迁、土地平整工作已完成，签订入驻企业意向协议7户，洽谈企业10余户，投资金额近6亿元。借建设庙坝（国家级）现代农业园区建设之契机，大力发展绿色生态果蔬业，已发展秦王桃5 000亩、核桃2 000亩、红脆李500亩、香椿500亩、黑花生600余亩、紫薯约1 000亩、莲藕600亩、糯稻1 000余亩、设施蔬菜300余亩。做大做强以桃花节和摘果节为主打的乡村旅游业，配套发展农家乐、餐饮店30多家，每年仅两个节会就可吸引游客30余万人次。

3. 健全制度、让利激活，造血功能不断增强

完善"一级政府一级财政"功能，庙坝镇单独设置财政管理机构，实现镇财镇管镇用县监督和独立预决算，县财政对试点镇预算和年终追加逐年增长。县财政按季度全额返还试点镇收取的城市基础设施配套费和土地出让金县级分享部分，返还试点镇社会抚养费的80%用于计生事业；返还试点镇上缴国税地方留成部分25%的4个百分点、地税县级分享部分的30%，并以2010年为基数，超额部分50%返还乡镇，用于试点镇经济社会事业发展。财力完全从竞争性行业和领域退出，"吃饭财政"变成了"发展财政"，重点保障民生和满足公共需求，近年投入基础建设、产业发展、新村及场镇建设等民生工程3 000余万元。

庙坝镇在行政体制改革中也存在一些问题和困难：一是长期的造血功能不完善。试点镇财政还主要依赖于中央转移支付，制约因素较多，且不能参与税收分配，未完全形成财政保障体系，自身财政基础薄弱、造血功能不强；二是作为试点镇，执法权主体资格缺失造成工作中的不便。乡镇执法权来源于县级部门委托，本身无执法权，对违法行为乡镇"想管管不了"，而县级职能部门则

"该管管不住"，存在着执行权力与执行能力的脱节现象。

（三）强化服务转变政府职能，夯实社会基础工作

农村基层社会的发展进步，是一个复杂的社会系统工程。新型城镇化道路要求农村乡镇在致力于经济发展的同时，努力实现社会事业的全面进步，达到经济社会全面发展、人与自然和谐相处。农村公共服务的数量和质量是衡量农村乡镇治理水平的重要依据，向农民提供公共服务是农村基层组织建立权威、增强凝聚力、实现和谐的重要条件和保障。公共服务就是向大众提供公共品，是社会再分配的一种形式。公正的社会必须保障每个人能均等享有与发展个人能力相关的公共品，教育和社会保障是其中两个最重要的组成部分。这些公共品必须由国家提供或由国家创造条件以使社会成员能够均等享有。综合起来看，社会文明进步水平，可以从公共服务、居民收入、教育、就业、医疗卫生、社会保障、环境保护等方面得到较为全面的反映。

2013年，根据庙坝的实际条件和发展需要，庙坝镇提出要着力办好"十件实事"：① 初步建成小微企业创业园；② 启动并完成"小金花养生风情湾"聚居点、寨峰村聚居点、白槽村聚居点建设；③ 硬化村道联网路及通组公路8.5公里；④ 启动特色商贸一条街建设；⑤ 完成1 000户"村村通"直播卫星安装；⑥ 场镇内新增20个自卸式垃圾箱、100个垃圾桶；⑦ 启动老场村扶贫整村推进项目和白槽村第二轮扶贫项目；⑧ 完善现代农业园区内基础设施建设；⑨ 完善180户危房、垮房和无房户房屋改造；⑩ 整治山坪塘5口，新建人饮工程18户。这"十件实事"涉及工业发展、住房建设、场镇建设、扶贫开发、基础设施建设等多个方面，从一个侧面反映了庙坝镇全面推进经济社会发展的整体布局，推动了庙坝镇从传统农村建设向现代性城镇建设的合理转变，体现了庙坝镇社会治理理念的日趋成熟和治理水平的日渐提高。

1. 转变政府职能，完善服务体系

近年来，庙坝镇投入资金近100万元对机关办公楼进行重新布局打造，硬件建设日趋标准化。提升改造400平方米便民服务中心，建成了标准化的便民服务中心大厅，设置了9个便民服务窗口，为民服务窗口部门均入驻到大厅办公，让办事群众和企业少跑空路、冤枉路，为民办事达到高质高效；全体机关干部均实行挂牌上岗，便民服务大厅随时公布工作人员去向，工作制度及办事流程均上墙上栏，保证群众办事"到机关便能找到办公室、到办公室便能找到工作人员、找到工作人员便知道怎么办"。规范镇便民服务大厅、村民事代办点

"两点",实现"一站式"办公;实行民事代办、民情代诉"两代",实现"全程式"服务;落实台账备查、走访调查"两查",实现党员群众"双满意"。2012年,镇村两级为群众提供便民服务 10 000 次以上,服务质量上档升级,群众对干部满意率大幅提高,大大减少了矛盾纠纷的产生,有力地促进了社会和谐稳定。

庙坝镇始终以"群众得实惠"为归宿,经济社会及便民服务体系全面发展。① 为突破经济社会发展瓶颈服务。工业用地指标得到保障,项目审批程序进一步简化或者减少,促进了小微企业创业园的发展。工业经济成为庙坝镇经济腾飞的支柱;② 为加强和改善社会管理服务。考虑试点镇社会管理网格化的需要,从机构编制上向一线倾斜,助推了试点镇创新社会管理"三三四五"工作法的形成。通过深入开展干部大下访、大接访、大调研、大调解活动,充分了解农村经济发展、基础设施建设、社会和谐稳定等方面的问题,分类梳理并建立信访台账,有效调处,并依靠全面发展减少社会矛盾;③ 为高效快捷、建设服务型政府服务。进一步规范"两点",高标准建成镇便民服务大厅和各村(社区)民事代办点,完善了便民服务的网络,实现了便民服务"一站式"办公。进一步转变作风,实行"两代",强化民情代诉、民事代办服务模式,实现了便民惠民"全程式"服务。试点镇全覆盖的便民、高效、贴心的服务体系全面建成,实现了群众办小事不出村、办大事不出镇。

2. 加快经济发展,增加居民收入

群众生产生活稳定是社会和谐稳定的基础。作为川东丘陵乡镇,庙坝镇从做大做强特色农业产业、大力发展农副产品加工业、积极培育乡村生态旅游业着手,拓宽农民增收渠道,切实增加农民收入。目前,庙坝镇已发展有秦王桃 5 000 余亩、核桃 2 000 余亩、"黑五类"产品 2 000 余亩,特色农业产业促进农民年增收 1 000 元以上;建设小微企业创业园,已与 4 户企业签订了入园投资协议;依托秦王桃产业连续举办五届桃花节,累计吸引游客 200 万人次,秦王桃花节已成为川东地区、川渝结合部最具影响力的节会之一。

庙坝镇在创新农村经济发展模式上实现了新突破,主要是由家庭联产承包经营向新型合作社生产转变,由单一农业经济向农工商一体化发展转变,从传统生产方法向科技带动生产转变。大竹县庙坝镇鹏程果业农民专业合作社就是这种经济发展模式的一个典型。它是一家集水果优质苗木繁育、种植、销售和加工为一体的专业合作化组织,合作社先后被达州市委、市政府授予"达州市先进农民专业合作社、先进集体"称号;获四川省质量技术监督局命名为"四川省秦王桃标准化示范乡、四川省精品农业标准化示范区";被四川省农业厅评为"全省农民专业合作社示范社",被四川省委农村工作领导小组评为"省级示范农民专业合作经济组织";被四川省委农村工作领导小组、四川省科协评为"农技协发展30年突出贡献奖"。该合作社创新提出"五统一,四结合,三受益"的运行机制,即是统一提供苗木,统一生产资料,统一标准化栽培技术,统一使用"竹鲜"牌、绿色食品品牌,统一销售渠道,合作社、村级组织、农户、科研院所四个方面紧密结合,形成优势互补、农户合作社科研院所三方全面受益的局面。

桃产业是大竹县的一项优势特色产业,对促进当地农户增收和乡村旅游业发展发挥了重要作用,已成为当地广大农民群众增收致富的主要经济来源。通过举办庙坝桃花节,不仅促进了庙坝经济社会的发展,还为市民踏青赏花、赏果创造了良好的环境条件,为城乡融合协调发展开创了现实的道路,并成为整个大竹对外交流的桥梁和纽带。

庙坝桃花节从2009年开始,每年3月21日在大竹县庙坝镇秦王桃基地举行,到目前已成功举办5届桃花节,充分彰显了乡村旅游的活力与潜力,已成为大竹县一张亮丽的名片。首届桃花节游客即超过15万人次,旅游收入超过1 000万。特别是"2011四川·大竹桃花节"系列活动,共接待游客40余万人次。此次桃花节吸引了重庆、成都、广安等地和县内大量游客,城区周边及桃花园景区附近的群众不断转变观念和意识,纷纷兴办农家乐,将一些具有农村特色的产品摆上餐桌、摆上摊面,满足了游客乡村旅游的需求。活动期间,桃园业主鹏程果业与周边城市大商家签订200万千克秦王桃购销合同,游客认养果树1 500株。2010年,鹏程果业发展秦王桃3 000亩,产量1 500万千克,收入3 100万元,带动周边农户8 500户,人均增收280元。此次桃花节实现旅游综合收入5 000余万元,取得了经济效益和社会效益双丰收。通过连续举办桃花节活动,向外界展示了大竹改革开放三十多年来的新业绩,尤其是城市建设、新农村建设、农业产业化发展、城乡环境综合治理等工作取得的突出成就。应邀前来参加桃花节的省内外记者,纷纷撰写稿件和制作专题节目宣传大竹、推介大竹,四川电视台、《四川日报》《四川农村日报》《重庆商报》《重庆晨报》《重庆时报》《重庆晚报》《重庆日报》《重庆新女报》《重庆青年报》、重庆吃喝玩乐网、《达州日报》《达州晚报》、达州传媒网、达州网等多个媒体播发,有效地提高了大竹的知名度,为大竹实施充分开放合作,推动全县加快发展、追赶跨越夯实了基础。

3. 完善社会保障，夯实社会稳定基础

在社会主义市场经济的条件下，不论城市还是农村，总会有一些弱势群体，他们很难依靠自身的条件过上有尊严的生活，他们是需要社会救助的对象。而农村由于受各方面条件的限制，弱势群体面广量多。弱势群体基本生活解决不好，直接关系到社会的和谐稳定及公平正义，关心帮助弱势群体历来是社会治理的重点和难点。因此，中国应该建立起以政府为主体、个人积极参与的社会保障体系。中国的政府社会保障起步晚、范围窄、水平低，容易导致民众对政府公正性及权威性认可度低、民众生活安全感和幸福感低及民众对社会矛盾的心理承受力和对各种突发灾害性事件的经济承受力低的"三低"现象。中国关于农村建设的一系列发展规划和目标都包括了社会保障制度的进一步完善和发展。

庙坝镇在社会治理过程中，根据国家政策和地方条件，把建立完善的社会保障体系作为维护社会和谐稳定和公平正义的基础性工作、经常性工作来抓，在社会保障工作方面取得了初步的成绩。2012年全镇优抚、低保、救助总数达2 029人次，落实灾害救济资金10.9万元，医疗救助19.2万元，五保对象集中供养率达52%。2013年1-7月，庙坝镇发放各类救助资金共计63.7万元，累计帮扶救助1 952人次；各类保险参保人数达39 285人次。庙坝镇关注优抚对象，重视弱势群体，基本实现了符合政策规定的应保尽保、应抚尽抚、应救助尽救助，乡镇低保程序规范透明，社会保障体系逐步健全，社会保障覆盖面稳步扩大。当然，受制于地域经济发展水平，庙坝社会保障水平与先进地区和城市地区还有较大差距，还有待于进一步增加投入、增大力度，以便为社会和谐稳定和人民安居乐业筑起更加严密的安全保障网。

4. 发展文化教育，提高居民素质

乡镇治理既靠政府也靠群众，广大群众文化素质直接关系到治理水平的高低。满足群众精神文化生活需要也是社会治理的重要目标和社会进步的重要尺度。为此，庙坝镇在群众中开展"十星级"评比活动，评选爱国爱镇星、遵纪守法星、创业致富星、科技进步星、环境卫生星、孝老教子星、团结和谐星、人口计生星、倡导新风星、公益奉献星。这些活动倡导了优良道德风尚，净化了社会风气，促进了精神文明建设的发展。庙坝群众文化生活丰富多彩，农民特色舞龙队、唢呐队、腰鼓队、军乐队等多次参加省市县比赛、演出，并获得表彰奖励，被评为全国群众体育先进单位、全省文化先进镇。

教育是促进创业就业的第一推动力。发展教育是帮助落后地区和贫困群体摆脱贫困的最有效手段。庙坝镇成立了教育基金会，加大对教育事业的奖励和

救助力度。为了整合教育资源，适应农村学生向城市流转造成农村生源减少的新形势，2010年原庙坝镇中学和新桥初中合并组建了庙坝中学，为改善教学条件、提高教学质量提供了新的动力。目前，庙坝镇已实现免费义务教育，中小学校办学条件逐年改善，教师工资收入基本上与当地公务员水平相当。通过实施教师素质提升工程，鼓励并创造条件让教师参加各种形式的学历教育、进修培训，教师学历水平和教育教学能力明显提高。为丰富农民精神文化生活，庙坝在各村设置了农村书屋，被四川省新闻出版局表彰为"农民读书活动先进镇"。

5. 改善医疗卫生条件，提高人民健康水平

庙坝镇共有农村人口27 126人，2013年实际参加合作医疗人数为26 996人，参合率99.52%。截至当年10月底，2013年全镇住院报账4 093人次，报销新农合基金631.98万元。门诊一般诊疗费报账12 058人次，报销新农合基金12.058万元，农民和场镇居民医疗保障权利得到了初步实现。为了提高医疗卫生服务水平，庙坝镇从多个方面采取了积极的措施。

（1）确保群众看得起病

认真执行新型农村合作医疗制度。从2005年全镇实施新农合政策以来，农民群众的受益面、报账比率逐年提高，2013年住院报账比例达到了85%，有效缓解了群众有病不敢医、因病致贫的问题，实现了"政府得民心，医院得发展，群众得实惠"的新农村合作医疗政策宗旨。扎实开展农村孕产妇住院分娩补助。2013年10月底前共补偿173人次，补偿金额8.65万元。住院分娩率达到100%。严格落实基本药物制度，实行药品零差率销售。2013年10月底共让利51.10万元，有效解决了老百姓看病贵的问题。

（2）保障群众少得病

首先，加强基本公共卫生服务，切实做好居民健康建档工作。对高血压、糖尿病、重性精神病、0～6岁儿童、孕产妇、65岁以上老年人进行一年一度的免费健康体检，总免费金额为23 183.60元，对辖区群众的健康状况有了全面的了解。至2012年10月底，农民健康档案共建档25 368人、65岁及以上老年人健康管理2 950人、高血压患者健康管理1 550人、Ⅱ型糖尿病患者健康管理436人、重性精神疾病患者网络管理35人。通过健康档案的建立，特别是重点人群的管理，发现了一些亚健康病人，提前给他们提出了诊疗方案，深受广大群众的好评；其次，加强疾病预防控制工作。切实抓好甲流感、艾滋病、霍乱及结核病等重点传染病的防治工作，严格网络直报制度，疫情报告率、及时率、准确率达到100%，对疑似传染病及时与上级有关部门取得联系、进行三级联诊，

有效遏制传染病的蔓延。在庙坝镇 12 个行政村、一个街道社区和庙坝中学、镇中心校分别举行各类健康知识讲座 18 期，参加听讲人数 1 728 人，进一步提高了人民群众的健康意识；再次，加强妇幼卫生保健工作。对辖区内孕产妇进行系统管理，做好卫生保健宣教指导和定期产前检查，并对目标人群按照要求发放叶酸。2013 年 1-10 月共管理孕产妇 385 人。关爱农村妇女，今年对庙坝镇辖区 35 岁~64 岁妇女进行了两癌（宫颈癌、乳腺癌）筛查，共筛查 986 人次。抓好儿童保健，对辖区内 0~6 岁儿童进行保健管理，共管理 3 850 人次，并免费提供 14 种一类疫苗的接种服务，建立预防接种证人数 308 人。

（3）让群众有地方看病

首先，进一步加强村卫生室建设。加大对村卫生室的建设投入，建成的达标村卫生室具备两房、三室房屋硬件设施，另对每个村卫生室配备了高压消毒锅、留观床、检查床、清创包、血压计、体重秤、中西药柜等，极大地改善了村卫生室诊疗条件，方便了农民群众的就医需要。2013 年前庙坝辖区已达甲级村卫生室 3 个，2013 年待验收 5 个；其次，进一步加强乡镇卫生院建设。庙坝中心卫生院在 2005 年—2010 年期间，先后完成了行政住院综合楼和污水处理项目建设。正在进行住院综合楼加层建设，建成后将新增业务用房 500 平方米，在一定程度上缓解医院用房紧张的局面。目前，医院开放住院病房 21 间，病床 78 张。基本上能满足辖区内群众医疗需求。

6. 加强生态环境保护，确保发展持续性

尽管庙坝镇地处内陆农村，远离大型工厂矿山等传统污染源，但在城镇化过程中，为了发展经济增加居民收入，势必要发展工业和建筑业，在此过程中必然会产生一定的环境污染，如果处理不当，仍然会造成生态环境灾难。庙坝镇在生态环境保护方面主要做两方面工作。

（1）加强场镇规划，完善基础设施，健全管理制度

庙坝镇注重人居环境打造，按照"建设有规划、建筑有文化、环境生态化、镇域清洁化"标准，邀请专家制定场镇建设科学规划，完善基础设施，着力建设环境优美、生态宜居的特色乡镇。场镇实现"净化、绿化、美化、亮化、硬化和居民行为规范化"，村庄凸显"依山就势、错落有致、保护生态、自然和谐"，庙坝镇也因此获得市"城乡环境综合治理工作先进镇"和"环境优美示范镇"称号。

（2）调整产业结构，大力发展生态农业，扶植和培育低碳环保产业。在农业结构上，注重多元化经营，着力壮大绿色生态产业

以鹏程果业协会为龙头，发展秦王桃 11 600 余亩，真正建成了"万亩秦王桃、川东桃花源"。"大竹秦王桃" 2012 年荣获绿色食品和国家地理标志保护产品称号，庙坝镇也成为绿色食品、标准化生产基地。庙坝还引进了 2 个特色农业产品——"黑五类"系列产品和糯稻，引进业主 6 家，新发展黑花生 624 亩，紫薯 818 亩，莲藕 600 亩，糯稻 949 亩。工业发展与环境保护两者难于兼顾常常困扰着许多地方，庙坝镇在工业发展中着意发展循环低碳产业，强化环境保护，不走先污染后治理的老路。庙坝镇为强力突破工业短板，实施了"工业强镇"的战略，以小微企业创业园建设为切入点，完成园区规划内的 600 亩范围平整场地、排水暗涵、总长 1 公里宽 36 米的工业大道建设。在工业项目的选择上，突出了川东丘陵乡镇土特物产优势，加快包括四川鼎巢万吨香椿蔬菜深加工项目、四川巴山绿源核桃深加工项目、四川星河木业秸秆燃料及竹木制品精深加工项目以及"黑五类"系列农产品加工等在谈项目的落户进程。这些循环经济和清洁生产项目的发展，既获取了显著的经济效益，也取得了环境效益。为在保护环境前提下增强经济发展活力，庙坝镇积极利用本土资源条件开发新兴朝阳产业，以"四川·大竹桃花节"为载体，加快乡村旅游业发展，实现了"政府搭台、经济唱戏、农民增收"的目标，年综合产值突破亿元大关。庙坝镇秦王桃花节已经成为川东地区、川渝结合部最具影响力的节会之一，庙坝镇也成为现代休闲观光农业示范村。

在产业结构由单一农业向农工商合理布局和协调发展的升级转型过程中，社会生产力得到发展壮大，人民收入快速增长，同时资源得到合理开发利用，生态环境得到有效的保护，为庙坝镇的可持续发展创造了条件。

（四）广泛动员群众力量，构建多元治理机制

立足于一定社会基础之上的社会管理和社会自治共同构成了社会治理。社会治理既包括了自上而下的管理，又包括了自下而上的自治，这种合作关系的最佳状态即是善治。善治的过程就是一个还政于民的过程，就是要广泛动员群众力量，扩大群众参与，实现人民群众的利益。庙坝镇在社会治理实践中，在充分落实政府管理的责任的同时，积极动员基层自治机构成员的积极性，实现社会管理与社会自治的有效结合，达到善治的效果。

1. 强化宣传，增强意识，倡导依法治理

社会治理，首先要靠依法治理。庙坝镇在社会管理中，十分注重提高公民民主法治素养。通过抓好公民的普法学习教育，引导广大群众增强法制观念，以理性合法的方式表达利益诉求、解决矛盾纠纷，有效避免或减少人民内部矛盾和

纠纷的发生。按照这一思路，庙坝镇根据"六五"普法安排，不断深化法律知识"进机关、进乡村、进社区、进学校、进企业、进单位"主题活动，组织群众上普法课，学习各类法律知识。2012年共举办法制宣传教育课8次，受教育面达5 000余人次。此外，还在主要街道开辟了法律知识专栏，刊出与农村基层居民相关性比较强的一些法律法规，如《治安管理处罚条例》《信访条例》等法律知识，并依托司法所有针对性地加以宣传指导，把群众思想统一到讲稳定、讲大局、依法办事上来。2013年1~7月共接待群众来访23次，调解矛盾纠纷8件，成功率达100%，未发生一起较大以上安全生产事故，无一例重大信访稳定事件。

2. 充分动员，完善机制，促进民主治理

近年来，庙坝镇综合治理工作坚持以科学发展观为指导，本着"民主自治、预防为主、疏堵结合"的方针，充分动员广大群众，构建长效治理平台，强化综合治理基础工作，着力排查调处不稳定因素，维护社会和谐稳定。

（1）完善基层群众自治机制

基层群众自治制度是中国一项基本政治制度，基层治理更需要发挥群众的主体作用。通过群众有序参与，健全基层自治机制，促进广大群众在基层事务中依法进行自我管理、自我服务、自我教育、自我监督，以基层民主自治推动社会良性治理。①搞好基层群众自治组织建设。在实践过程中，庙坝镇高度重视全镇1个街道社区、12个村的基层自治组织建设，大力推行基层民主选举，做到程序化、公开化，选出切实代表民意的自治机构，并在实际工作中加强对村社干部的培养，打造为民务实的自治组织班子；②在基层管理过程中培养人们的民主习惯和制度，让"自治"不止于"选举"，扩大群众自治的参与面。庙坝镇在基层事务管理过程中的做法是：推行民主决策"四事"（全体村民提事、"一户一人"决事、村民代表评事、村民理财小组和监督小组行事）、村务财务"四亮"（亮开政策、亮开受理、亮开办理、亮开结果），做到了公平公开民主管理，更调动了广大基层群众参与的积极性；③积极完善基层群众自治制度，加强制度建设，完善村规民约，以稳定可行的制度来保证群众参与的有效性和持续性。其中，庙坝镇五桂村坚持用制度规范村务，用体制保障民权，用监督促进落实，收到显著成效，纠纷调解率、成功率、满意率均达100%，被评为全国"民主法治示范村"。

（2）健全群众自主管理网络平台

民主治理的过程是一个实现社会自我管理的过程。只有规范机制，合理引导，才能实现社会的有序自主管理。庙坝镇在这一方面的做法有三点。①立足于"让农民自己帮自己、自己管自己，有事大家管、有情况大家帮"的思路，实行环境卫生分段包干制，即将综合体分成 67 段，全面承包责任给 67 户，一户一段进行包干管理，既发挥了群众的主动性，又达到了责任落实到段进户的目的；② 建立网格化治理模式。所谓网格化治理，就是将城区行政性地划分为一个个的"网格"，使这些网格成为政府管理基层社会的单元。长乐村在新农村综合体探索推行了"3+1"维稳模式，实现综合体的和谐稳定、长治久安。所谓"3"，是在综合体建立了综治工作站，设"一干两员"（综合治理专干、治安隐患信息员和矛盾纠纷调解员），专抓综合体内社会稳定和安全；每 10 户设一个综治小组，由一名威信较高的村民牵头负责。所谓"1"，是在各村设立一个治安联防队，实行专职联防队与每家每户轮流值守相结合，在全村开展治安巡逻防范。通过建立"3+1"维稳组织，划小了综合体内社会管理层次和管理幅度，实现了"网格化"无缝管理；③ 上下联动，进一步完善治理网格。庙坝镇以村（社区）为单位划分责任网络，由镇政府社会管理专员、村（社区）一员（人民调解员）、一警（基层民警）以及社区义工组成工作队伍，分片负责网络内的社会管理和公共服务工作，构建起了"多网合一、一网多格、一格多员、全员参与"的网格化管理模式。近两年来，建立民情档案 1 500 多户，收集群众意见 11 类 565 条，处理遗留问题、治安问题 100 余件次，筑起农村和谐稳定的"第一道防线"，大大减轻了镇、村两级工作压力。

在这一网络体系中，政党领导发挥了组织领导的作用，镇政府机构成员承担了实际执行的责任，各村联系干部和基层信息员作为群众自治机构成员参与配合，真正体现了政党领导、政府负责、社会协同、公众参与的原则，把各方面力量都动员起来，达到了社会安全共建共享的目的。

3. 党政负责，提供保障，强化综合治理

党的领导是社会治理的根本保证，政府负责是社会治理的有效前提。在社会综合治理过程中，党政负责、强化综合治理，才能为基层实现有效治理提供坚实的保障。庙坝镇成立了由镇党委书记为组长，镇长及分管政法工作的班子成员为副组长，综合治理办、派出所、司法所等相关部门为成员的综合治理工作领导小组，并在各村明确了综合治理联系干部、各组落实了基层信息员，全镇形成了上下贯通、左右衔接、配合联动的综合治理工作体系，构建起社会治安综合治理四大工作平台。

（1）依托大调解协调中心，构建大调解工作平台

现实社会中，由于社会环境的多样性和复杂性，以及人们在利益、性格、

生活环境上的差异性，不时会发生一些摩擦和冲突。这些摩擦和冲突往往达不到法律诉讼的程度，或者当事双方由于法律诉讼在时间上和金钱上的成本过高而不愿诉讼，但争执双方谁都不愿妥协让步。由于社会风气的影响，人们在心理上把一些让步与协商看作"丢脸""丢人""没出息"，坚决不退让，存在着"输钱不输面子"的虚荣心理，往往把小事不断升级激化成大事。这些事往往与党组织和政府无直接关系，更多的因素在于历史文化习俗与复杂社会环境塑成的社会风气，但这会严重破坏社会秩序，并容易被一些反社会分子所利用而乘机造成群体性事件，引起人身伤害或财产损伤，妨碍社会和谐稳定。"大调解协调中心"的建立，使争执双方有可以信任的中间仲裁机构，能够及时有效地化解社会矛盾，防止事态升级，维护社会稳定；同时，可以防止"社会达尔文主义"式的以大欺小、倚强凌弱的不正常风气，有利于维护社会公正，树立党政机构公信力。

（2）整合群防群治、治安义务巡逻、场镇管理、文明劝导"四大资源"，构建治安防范工作平台

维护社会治安既要着眼于平息大规模群体性事件，更要花大力气做好日常管理工作。"四大资源"平台作用的发挥，一是依靠群众的力量，二是凭借特定职能岗位人员的责任。群众的力量之所以可以依靠，是因为群众能够认识到社会和谐稳定利于社会和他人，也利于社区成员自身。社区治安环境恶化，最终会伤及社区成员自身利益。而对于特定职能岗位人员而言，维护社会稳定既是承担社会责任的需要，也是自身工作职责。在维护治安实践中，庙坝镇成立了综合执法队，进一步理顺权力下放后的行政执法秩序。组建机关公务员为主体的兼职委托执法队伍，理顺与县级相关部门的权力委托关系，为提高行政执法水平，镇政府邀请法制办专家及部门执法人员，对乡镇执法人员进行法制培训。同时，强化乡镇与县级部门权力运行的相互监督、相互沟通、相互配合，做到"不越位、不缺位、不错位"。

（3）落实安全生产一周一检查、一月一分析、一季一评估、一年一总结"四个一"制度，构建安全隐患动态管理平台

安全生产事故易引发国家的社会矛盾，是社会不稳定因素的重要源头。维护安全生产秩序是党政机构和企事业单位的重要职责，必须常抓不懈。中国高度重视安全生产工作，体现了党和国家对人民生命财产安全高度负责的精神，渗透着以人为本和执政为民的执政理念，也是维护社会和谐稳定的必然要求，折射着党政机构的执行能力。安全生产"四个一"制度，重点不在于安全事故的责任追究，而在于安全隐患的事前排查、有效化解，最大限度地减少事故损失。

（4）实行矛盾纠纷"月排查"制度，构建信访稳定预警平台

"月排查"制度着眼于消除矛盾隐患，防止矛盾发生或升级，集中力量解决容易导致信访上访事件的突出问题，做到民心顺社会稳。

4. 创新方式，疏堵结合，维护社会公平正义

庙坝镇在社会治理工作中注重创新方式，坚持疏堵结合，形成了一系列行之有效的工作思路。

在"疏"方面，创造性地推行了社会管理"三三四五"工作法，取得了积极的效果。

（1）建立维稳"三急"模式

在开展好"开门接访"的同时，要求机关干部下沉到困难矛盾多、群众意见大的地方去"进门下访"，把影响和谐稳定的因素找出来，并采取急特困之急、急特殊之急、急特别之急的"三急"模式，紧紧围绕群众反映的热点、难点和重点问题，有针对性地开展工作，筑牢维稳工作防线。"三急"模式就是把工作任务分为轻重缓急的不同顺序，优先解决大事急事，避免"眉毛胡子一把抓"、平均使用力量的工作方式，防止贻误解决重特大事件的最佳时机而造成不应有后果。从哲学上讲就是要抓重点、抓关键、抓主要矛盾，在有限的条件下解决尽可能多的问题，推动全局工作取得最佳治理业绩。

（2）推行"三式"调解法

推进行政、司法所、派出所、法庭等相关部门优势互补，完善大调解工作机制，采取小事"握手式"、大事"庭审式"、难事"开放式"调解，把各种不稳定因素消除在萌芽状态，有力促进了农村矛盾纠纷的化解。"三式"调解法就是根据矛盾的性质、难易程度和各方意愿，采取不同的方式进行调解，有利于充分合理地利用各政府机构职能部门和地方自治机构的资源条件和工作特长，在它们之间形成合理的分工协作关系，并减轻当事方的时间和资金负担。这种矛盾调解方式，在马克思主义哲学意义上就是运用矛盾特殊性原理，坚持具体问题具体分析的科学工作方法。这种方法在实践中也收到了较为理想的效果。如2008年9月20日，庙坝镇长乐村3组居民喻某因建房与邻居许某产生纠纷，在殴斗中喻某受到了人身伤害。镇党委、政府得知此事后高度重视，立即安排伤者入院治疗并做好双方安抚工作，会同派出所认真调查事件真实情况，然后组织镇村组三级及相关部门进行协商调解，积极劝导双方正确认识问题，妥善处理纠纷，但经过多次调解仍未达成协议。喻某向大竹县人民法院提起诉讼，纠纷进入法律程序。经庭审判决后，喻某对判决结果表示不服，但又无力承担

上诉的经济费用。考虑到喻某家庭实际困难，镇党委、政府主动联系司法部门积极提供法律援助，上诉到达州市中级人民法院，最终促成案件依法解决，恢复了双方和谐的邻里关系。

（3）强化安全生产"四重点"

强化安全生产的思想认识深刻、责任体系健全、技术操作规范、隐患整治彻底"四重点"，并在安全生产过程中，明确企业的主体责任、镇村的属地监管责任、部门的依法监管责任和从业人员违章家庭帮教责任，确保安全生产有效落实。

（4）实行信访"五部曲'，即思想重视、发展为先、情况要明、调处为要、服务为本

通过深入开展干部大下方、大接访、大调研、大调解活动，充分了解农村经济发展、基础设施建设、社会和谐稳定等方面的问题，分类梳理并建立信访台账，有效调处、减少社会矛盾，切实服务于人民，服务于社会。庙坝镇寨峰村8组居民李某，外出务工期间与广东省春阳市已婚男子蓝某认识，并同居生育一名男孩。李某要求蓝某与其结婚，蓝某不同意并提出分手，于是李某于2011年8月先后两次到京上访。针对这一情况，庙坝镇随即派人两次赴京将其接回，一方面做好李某思想疏导并解决母子实际生活困难，另一方面召开司法协调会，实施法律援助，派专人陪同其前往广东省阳春市人民法院起诉维权。在多方共同努力下，2012年9月法院依法判决蓝某支付其子抚养费79 235元，并先行支付到位2万元，保障了李某母子二人的基本生活来源，维护了社会的稳定。

从善治的角度来讲，"堵"的方法、"严打""严惩"的方针并不是社会治理的理想状态，往往意味着某些社会功能的失效、失能。但在现实社会中，道德教化总是有着许多力所不及的局限，因此，"法"的强制约束作用仍然是必要的。当然，"严打"与"严惩"必须局限于法律许可的范围内，不能造成新的权力滥用，否则既损害百姓利益，铸成冤假错案，不利于人权保护，也不利于政府与群众关系的和谐，还会败坏国家形象。要从根本上提高社会治理的水平，还需要整个社会在经济、政治、文化、社会建设方面更加全面的发展才能实现。

三、庙坝镇基层治理经验及启示

庙坝镇在探索社会治理方面进行了许多有益的尝试，其作为全省和全国的改革试点镇是名副其实的。庙坝镇党委和政府领导班子是具有创新精神的实干班子，它所获得的诸多荣誉和奖励证明了其改革方向是正确的，思路较为清晰，

措施较为得当，迄今取得的成绩也十分明显，其完善社会治理的模式具有一定的普遍性和借鉴意义，起到了改革尖兵的作用。假以时日，其经济社会发展的成就将更为突出。作为内陆丘陵乡镇，庙坝镇社会治理机制的改革必将在推动类似地区全面建成小康社会方面发挥榜样的作用，为中国经济社会的全面发展进步做出应有的贡献。

我们认为，庙坝镇在乡镇治理方面形成了以下几方面的经验及启示。

1. 要高度重视和切实加强党组织建设，提高党的建设科学化水平，把党组织真正建设成为统揽全局协调各方的强大堡垒

由于内陆乡镇经济文化发展水平低下，干部群众居住分散，交通不便，许多乡镇地方党组织建设是一块洼地，但要搞好乡镇治理全局工作又离不开党组织的领导核心作用。因此，庙坝镇在党组织建设中，以思想政治教育为灵魂，以队伍建设为依托，以先进典型为榜样，以丰富多彩的教育实践活动为形式，保持党的先进性和纯洁性，提高党的执政水平和执政能力，密切党群关系。庙坝镇的实践充分证明，党组织和基层干部心系群众，群众信任党政干部是搞好乡镇治理的基本条件；建成群众信任、务实高效的党组织是农村治理达到善治的政治前提和组织前提。

2. 完善行政管理体制，优化机构设置，理顺人事、决策及财务关系，明确各部门及其干部职员的责任、权力及利益

庙坝镇的实践表明，基层政府部门设置既要精简以减轻财政负担，又要完备以承担应尽职责。要转变政府职能，完善管理和服务的设施与机构，针对地方实际，创新相应治理机制。

3. 要依靠广大群众，维护群众利益

群众是社会治理的参与者，也理应是受益者。服务群众是社会主义制度的本质特征和内在要求。要在促进经济持续科学发展和国家财政投入持续增长的同时，不断推进民主法治，维护公平正义，保持安定有序，完善社会保障，发展教育医疗，增加人民收入，逐步缩小乡镇公共服务水平与城市地区的差距，不断提高人民群众幸福指数。

4. 制定科学的发展规划

制定科学的发展规划并根据规划调整产业结构，转变发展方式，保护生态环境，提高发展的协调性和可持续性。

四、庙坝镇基层治理存在的问题及对川东丘陵乡镇基层治理创新的对策思考

（一）庙坝镇基层治理存在的问题

由于地处内陆，远离中心城市和经济发达地区，经济发展水平低下，社会治理体制机制创新探索起步较晚，庙坝镇在社会治理方面也存在诸多问题并面临一些困境。

（1）政府职能与政府财力的矛盾

政府承担着多方面的职能，但实现这些职能与基层政府自身掌握的有限的财力构成了突出的矛盾。在信息化时代，人们对政府的期望越来越高，但政府财力主要来自两个方面，即财政拨款和地方经济发展产生的税收截留。但内陆乡镇这两个方面目前都还相当有限，庙坝镇这方面的矛盾也表现得相当明显。

（2）政府职能与政府权限的矛盾

乡镇政府承担着包括经济发展、社会稳定、环境保护、民生改善等广泛职能，但乡镇基层某些行政管理及执法职能来自上级政府部门授权，在实际执行过程中，由于机构设置不够完备、人员配备较少，执行能力受到很大局限，特别是在应对突发群体性事件过程中，往往要借助于现有各部门超出其职能的共同行动甚至上级部门的积极介入才能达到目的。

（3）经济发展与环境保护的矛盾

从保护环境的角度来看，对那些环境污染严重的产业当然不能放任自流，但是这也使得丘陵地区通过二业发展增加居民就业和提高收入水平的选择受到局限。毕竟循环经济或者旅游业等绿色产业对就业和收入的带动作用有限，而很多工业部门的发展或多或少对生态环境都有一定的污染问题。从目前庙坝镇创建的小微企业园来看，不排除引进的企业存在环境污染的问题，虽然有的工业污染经过科技治理可以减少其环境危害，但却会引起生产成本的上升。

（4）经济社会发展与促进民主人权的矛盾

城镇化过程会引起农村乡镇中心区域面积的扩大，镇域经济的发展要求催生新的产业和行业，一部分农民会转化为城镇居民，一部分民居或耕地会被开发性占用，这种趋势在整体上是有利于地方经济社会的长远利益和集体利益的。但这也是一个不同群体利益调整的复杂过程。总体上看，大多数群众能够理解并接受政府根据有关政策制定的拆迁补偿方案，但也确有少部分人对拆迁补偿抱有不切实际的过高要求，幻想可以借机一举致富，甚至认为谁闹得越凶，得到的补偿越多，坚信"会哭的孩子有奶吃"，只要自己拒不让步，政府为了顾忌

影响终将提高补偿标准来满足自己的要求。一些人利用党和政府对信访上访和维护和谐稳定局面的高度重视要挟地方政府,这种情况很容易使地方政府陷入两难境地:若满足他们要求以暂时息事宁人,势必助长不劳而获贪得无厌的心态,使以后的工作更加被动;若拒绝他们的不合理诉求,又可能激化干群矛盾,影响党和政府形象。

应当说,上述问题在全国很多地方基层社会中是相当普遍地存在的,也是令一些基层干部感到十分为难的问题。解决矛盾的出路,除了国家和上级行政机构的统筹协调,还是要依靠地方政府从本地实际出发系统施策,以及广大基层群众的积极参与。

(二)川东丘陵乡镇基层治理创新的对策思考

基层乡镇治理是国家全局治理的组成部分,因此,国家层面的发展思想和发展战略,在基层乡镇治理中应该得到全面的体现。党的十八大报告指出,科学发展观是中国特色社会主义理论体系最新成果,是中国共产党集体智慧的结晶,是指导党和国家全部工作的强大思想武器,是党必须长期坚持的指导思想。因此,科学发展观及习近平新时代中国特色思想理论也应当成为乡镇基层治理的长期指导思想。在基层乡镇治理中贯彻落实科学发展观和习近平新时代中国特色思想理论,要求地方基层政府树立大治理思维,确立科学发展观念,努力实现政治、经济、文化、社会、生态文明五大建设的全面协调可持续发展。

川东丘陵乡镇实现有效社会治理要靠国家、乡镇党政机构和村社街道自治机构的协同努力。具体来说,可从以下方面加大工作力度。

1. 突出经济建设的中心地位,处理好改革发展稳定的关系

一段时间以来,一些地方在改革发展中出现了社会稳定遭到破坏的不正常情况,于是一些地方干部存在着求稳怕变的消极保守心态,在工作中注重花大力气加强社会治安管理,导致抓维稳工作一手硬、抓发展工作一手软的现象。维护社会秩序稳定是全局工作的目标之一,但更重要的是通过稳定的社会秩序实现各项事业的发展。稳定是前提,发展才是目的。与其花大力气维护稳定,不如通过科学发展从根本上消除不稳定根源。加强平安建设实现稳定固然重要,但全面小康社会目标的实现归根到底要靠科学发展来实现,而且,一些导致社会不稳定的根源,正是在于发展太慢、发展不科学、发展不平衡。因此,要把治乱与治穷相结合,维稳与发展相结合。

2. 解决好乡镇经济发展的几大关键问题

① 产业类型及项目问题。川东丘陵乡镇由于其特殊的地理位置、地貌特点，其经济发展上要围绕农业做文章，以种植业、养殖业为主，具备条件的地方可以发展农产品加工业、旅游业等。农产品种植业要突出高营养、安全性、地方性和新颖性，如大竹的苎麻、香椿、糯稻，东汉醪糟、蜀玉牌麻纺系列、大枫树真丝系列产品、贺家观行豆腐干、益寿"黑五类"食品（黑花生、紫薯、黑玉米、黑土豆、绿仁黑豆）等。这些产品往往具有较大的知名度和市场号召力，从而成为各种农产品交易会上的热门货；② 资金问题。可以发展小额信贷，适度放宽农民获贷条件，容许农民以各种补贴款项作为获贷担保，或者试行亲友邻居连带担保获贷；③ 技术及信息问题。要加大面向乡镇经济发展需要的技术信息服务体系建设，完善专业技术人才配备，建立健全文化市场站点，提供便捷优质低价的技术信息服务；④ 经营方式、组织形式问题。有条件的产业项目可以实行"公司+农户"的经营模式，暂不具备条件的可以发展各种专业性的互助组、合作社或者协会，在农忙时节通过发布招工、换工、租赁信息等方式解决部分家庭劳动力、耕畜、农机短缺的问题，避免或减少因此而造成的土地抛荒和浪费现象，并通过规模效应降低产品生产、运输和销售成本。在外出人口较多、土地抛荒严重的地方可以推行土地承包经营权流转，以扩大经营规模，增加土地产出和农民收入。

3. 加强村级公共事务管理中心建设

把乡镇一级的部分公共服务职能下放到村级组织，在村中心建立和完善幼儿园、老年活动室、医务室、书报图书室、体育及娱乐设施、小卖部等，形成一个小型人气聚集站点，构建小范围、较固定的熟人社会。中国农村在实行家庭联产承包经营后，原有建立在集体劳动和统一分配机制下的熟人社会已经瓦解，同社同村居民之间经济合作结构松散，导致村民集体意识淡薄，同时家庭抗风险能力较弱，在经济利益驱动下，一些地方社会矛盾激化，违法乱纪现象突出。随着农民收入和生活水平的提高，空闲时间增多，重建以村为中心的熟人社会，可以增强村社凝聚力和村民热爱乡土的意识，强化荣辱观念和道德约束，也可以减轻乡镇中心维护交通安全、社会秩序等方面的管理压力。

4. 培育基层群众自治组织，加强对弱势群体的关怀扶助

我国村社和街道一级管理组织属于基层自治机构，可以在现有基层干部班子体系基础上，联合一些空闲人员和积极分子培育发展更多服务功能，如引导部分成功先富群体定向帮助特殊贫困者，定期慰问老年人、留守妇女儿童或鳏

寡孤独者，协助送医及看护病人，集体维权，协助或主持本土住民操持婚丧嫁娶等事务，增强基层组织的凝聚力和向心力，树立良好社会风尚，有效消除各种社会矛盾和不稳定因素。

5. 加大政府财政转移支付的力度

所谓统筹城乡发展，从基层实践来理解，是指经济发展到一定阶段以后，主要通过工业反哺农业、城市支持农村的方式，加快农村落后地区的发展，以逐步改变城乡二元结构，缩小城乡差别，实现城乡的共同发展和繁荣。实现城乡统筹，必须解决"钱从哪里来"的问题。

川东丘陵乡镇特殊的地理位置和地貌特点，决定了它们在发展经济方面缺乏区位优势，它们发展的很多产业和产品市场已经饱和，竞争能力不强，特别是人才、资金、技术等比较欠缺。这就造成了自身造血能力不足，必须依赖于国家支持。如果仅仅依靠乡镇基层的自我积累以实现发展，对许多乡镇而言，则城乡一体化将是一个遥不可及的梦想。丘陵乡镇与城市和发达地区相比，在竞争优势和承担功能上是不同的。城市和东部平原地带在经济社会发展及居民收入水平方面占有先发优势，但是内陆包括丘陵等地区则为全国提供了大量的农副产品，为工业发展提供了丰富的原料和广阔的市场，对保持水土和维护生态平衡具有特殊重要性，对外出务工人员提供精神上的靠山。因此，以工补农、以城带乡、以富帮穷也是发展的必由之路，这对于全国包括发达地区的持续发展都是至关重要的。

6. 给予地方政府更多直接的权力，建立政府与社会合作共治的机制

一方面赋予地方政府更大的合理合法的权限，使其有更强的能力作为治理中的主导者参与治理；另一方面，扩大社会参与程度，让社会其他主体参与进来，形成多元共治。当然这其中最主要的还是扩大广大人民群众的参与程度，让每一个人都成为治理中的主体。这需要我们继续不遗余力地推进基层民主政治发展，完善基层群众参与渠道，使其能够有效表达个体诉求，并实现其合法利益。在条件成熟的地方应该根据乡镇基层社会管理和自治的需要设立必要的机构，并通过立法赋予其必要的行政执法权力，放宽地方的一些自主权力，使治理更好地铺开，也使诸如应急性的群体动员机制更具有合法性。

7. 要建立健全利益协调机制，使社会治理的目标不至于异化为追求利益价值

在城镇化背景过程中，必然会面临城镇化带来的较大程度的利益调整。如

果利益得不到有效调解，必然会危及治理本身，城镇化得不到科学推进。拿城镇化过程中的一个典型的征地拆迁问题来说，基层政府、建设方和群众之间都有不同的利益价值追求，这一矛盾得不到合理解决，就会成为城镇化建设的一大障碍。因此，要在涉及居民利益的征地拆迁方面更加坚决有力地实施公开性原则，一方面坚决禁止基层干部暗箱操作损害群众利益的贪污和非法侵占等违法违纪行为；另一方面也要及时把上级党委政府人大等权威机关对有关问题的政策指导或实施意见公之于众，避免群众由于缺乏信息渠道而产生不切实际的过高要求，危害社会秩序，激化矛盾。同时，对于严格按照有关规章制度办事而群众一时不能理解的基层干部，也要给予肯定和保护，不能一有官民对立就不分青红皂白追究干部责任，要保持地方政府的更大连续性和稳定性，保护干部依法办事的积极性。要在弄清事实真相的前提下，及时把一些群体性事件公之于众，从正面引导公众舆论，增强积极正能量，避免负面不实信息肆意泛滥。

8. 要关注基层治理带来的生态效应，实现"以人为本"的城镇化治理

党的十八大提出了"五位一体"的发展战略，生态问题越来越成为当今社会发展迫切关注的问题。我们要求的城镇化不只是城市规模的扩大、城市人口的增多，更主要的是生存和发展环境的改善，是"以人为本"的城镇化。因此我们不能再走"先污染、后治理"的老路，不能"有了城市生活却没了蓝天白云"。在社会治理过程中，要积极支持内地乡镇发展适合自身实际的工业项目，国家要对乡镇工业发展提供更多免费或廉价的防范和治理环境污染的技术支持，或者对乡镇工业企业在合理治污前提下实行税收优惠，以达到工业致富和环境保护的平衡，实现基层治理的生态效应。

农村基层社会治理是一个复杂的社会系统工程，同时，各个地方之间在主客观条件方面也存在很大的差异，探索农村基层社会治理的道路必将是一个漫长的过程。在城镇化发展目标的大背景下，川东丘陵乡镇在发展起点、存在问题、治理措施方面也有很大的相似性。理论探讨就是要尽可能揭示这些相似性，以便在共同的发展中少犯错误、少走弯路，使社会治理工作更加科学化和规范化。

达州城市社区治理能力现代化研究

国家治理体系和治理能力现代化是党的十八届三中全会为我国的全面深化改革做出的总体部署和战略指导,它构成了我国政治、经济、社会、文化等各个领域未来发展及体制机制变革的行动指南和方向目标。在国家治理体系和治理能力现代化进程中,基层的治理能力建设状况会直接影响到国家总体的治理绩效,因而研究国家组织体系的末梢——城市社区的治理体系和治理能力现代化建设进程,既可以为国家治理积累地方经验,也可以观照整个国家的治理效果。

一、社区治理能力现代化的内涵

社区是构成社会的基本单元,推进社区治理能力现代化是推进国家治理体系和治理能力现代化的重要方面和必要保证。习近平总书记指出:"国家治理体系是在党领导下管理国家的制度体系,包括经济、政治、文化、社会、生态文明和党的建设等各领域体制机制、法律法规安排,也就是一整套紧密相连、相互协调的国家制度;国家治理能力则是运用国家制度管理社会各方面事务的能力,包括改革发展稳定、内政外交国防、治党治国治军等各个方面。"这是用马克思主义的立场、观点、方法来总结社会主义这一全新社会的治理而得出的科学结论。

中国正处在经济转轨和社会转型的关键时期,城乡社区管理和服务的任务十分繁重。党的十八大明确将社会管理与民生并列为社会建设的重要内容,提出"加快形成党委领导、政府负责、社会协同、公众参与、法治保障的社会管理体制,加快形成政府主导、覆盖城乡、可持续的基本公共服务体系,加快形成政社分开、权责明确、依法自治的现代社会组织体制",首次把"社区治理"写入了党的纲领性文件。十八届三中全会确立了全面深化改革的总目标,明确提出"创新社会治理体制","改进社会治理方式",推进"城乡社区治理"等改革任务,形成了从国家治理、社会治理到社区治理一体贯通、一脉相承的治理体系,为推进社区治理现代化指明了方向。

我们认为,社区治理能力现代化就是要让社区治理逐步走向制度化、科学化、规范化、程序化,使社区治理主体善于运用法治思维和法律制度强化社区自治,突出民主、法治、公平、正义、稳定、参与、透明、自治等社区治理的重要价值和理念。

二、达州市推进城市社区治理能力现代化的主要做法和取得的成绩

(一)达州市城市社区治理能力现代化的主要做法

1. 加强社区文化建设,培育社区治理公共理念

文化是社区的精神纽带。社区文化是社区建设的灵魂。社会主义核心价值体系则是当前社区文化建设的重要内容。塑造社区精神,培育社会主义核心价值观,必须将社会主义核心价值体系建设内容渗透到具有实践性的社区文化活动中去,通过形式多样、内容丰富、喜闻乐见的社区教育、社区宣传与社区文化活动等表现手段,推动严肃、深奥的价值理论大众化、普及化。近年来,达州市委、市政府提出构建"幸福和谐社区"的文化建设新理念,以培养文明新风、满足文化需求、普及科学精神、形成社区治理公共价值体系为目标,把践行社会主义核心价值观作为社区治理的重要内容,融入社区精神文明建设全过程。通过不断改善社区的文体设施条件,丰富社区的文化娱乐项目,增加社区的图书藏书量,满足居民开展群众性健身活动和终生学习的需要。比如,东城建民路社区利用社区阵地建设的契机,设置了一个50多平方米的教育培训室,购置了一批教育培训桌椅,增设了一台投影仪;利用"妇女儿童之家"创办了图书室和电子阅览室;建成占地1 000多平方米的户外活动场所1个;成立了市民学校、家长学校、老年学校等社区教育培训机构。西外镇新锦社区图书藏书达7 000余册,涵盖文学知识、科普知识、法律、电脑、计生等,还通过建设科普画廊、电子阅览室、文体活动广场等,不断满足居民的各种文化需求,让全社区居民均等公平享有公共文化服务和产品。

2. 探索社区治理多元化,规范社区治理民主化协商

适应社区多元化治理的需要,实现社区治理主体多元化、社区治理方式多元化以及社区治理结构多元化。构建一个涵盖政府、社区组织和社区居民等多元治理主体的社区治理共同体,采用多元化的治理手段和方式,协同管理社区公共事务、提供公共产品,实现社区公共利益,努力形成党委政府、社区组织、社区居民、驻区单位多元主体共同治理的格局。逐步完善社区议事决策机制。进一步完善社区居民会议和居民协商议事会议制度,健全民情恳谈、社区听证、

社区论坛等对话机制,推进社区民主协商的制度化、规范化、程序化。把涉及居民利益的公共服务事项纳入协商议事范围,使公共政策的制定和实施符合群众意愿。开展形式多样的基层民主协商,推进基层协商制度化,推动建立党代表、人大代表、政协委员联系社区制度,就经济社会发展重大问题和群众普遍关心的实际问题听取社区群众的意见。实现信息平台互联、信息资源共享的"网格化管理"工作格局。

3. 充分发挥社区居民的主体作用,增强社区治理公民参与

引导社区居民主动参与社区治理,提升群众参与社区治理的素质与能力;拓展社区居民参与社区治理的渠道,为社区居民参与社区治理创造条件,努力形成社区治理人人参与、和谐社区人人共享的良好局面;大力培育社会组织,保障社区居民通过社会组织参与社会治理的权利;完善社区居民参与的工作机制,提高社区居民参与的有效性;规范参与行为,提高群众参与社区治理的组织化水平;创造平等化的利益表达格局,通过制度安排,畅通群众利益的表达渠道,落实不同利益主体拥有平等利益表达权利,完善社区居民利益表达机制。凉水井社区通过建立"QQ群"、微博、微信等搭建社区与居民之间的对话平台,不断增强社区同居民之间的有效互动。健全社区居民参与机制,确保民意在社区中得到充分体现。通过激励促进更多社区居民平等地参与到社会治理中,参与到与其自身利益戚戚相关的社区治理和决策活动之中,让社区居民充分感受到被尊重,个人价值得到肯定,享受到参与社会治理的乐趣与成就。

4. 加强社区制度建设,完善社区治理规范化制度

明确责任,强化措施,坚持用制度管人、管事,让每一项工作都有章可循、有理可依。重新修订社区治理规范性文件,健全完善社区治理规范化制度体系。比如,团包梁社区结合社区自身实际,先后制定了《团包梁社区集体资产管理办法》《团包梁社区租房公约》《团包梁社区公墓区管理制度》等,进一步规范社区事务,使社区工作逐渐走向制度化、规范化。

(二)达州市城市社区治理取得的成绩

1. 进一步强化了社区自治功能

社区治理是行政管理服务和群众性自治的有机结合,具有明显的"共治"属性。进一步强化社区居委会的自治组织功能,剥离社区居委会行政事务,使其集中精力组织居民自治。比如,皇城一号社区建立业委会,加强楼栋管理,

把管理权逐步细化到小区、院落、楼栋，还权给居民小组、院落管理委员会、楼栋自治小组，真正实现由全能型和管理型政府向服务型政府的转变。培育社区多元治理主体，构建多元化的社区组织体系；加强社区组织的培育，构建包括社区自治组织、社区基层党组织以及社区社会组织等在内的多元化组织体系，明确各类组织的职责和权力，实现社区各类组织之间的合作互动；激发社会组织活力。社区组织各司其职，共同参与社区事务的管理与决策，充分发挥社区组织在社区治理中的作用。

2. 进一步提升了社区服务能力

社区治理主要依托社区服务来推进实施。社区服务是保障和改善民生的重要依托。达州市广大城市社区坚持以社区居民的需求为导向，着力将社区打造成集下岗再就业、社会救助、安全、科教文体、社会保障、卫生和计生、流动人口、党员服务、养老服务、留守儿童托管等为民服务的"一站式服务平台"。凉水井社区精心打造的"众爱家园"项目，受到省委领导的好评，目前已经成为社区的亮点和特色，为社区居民群众提供方便快捷的社区服务。加快建立多元化的社区服务体系，推进社区综合服务设施建设，不断丰富社区服务内容，增强社区服务功能。推进社区基本公共服务均等化，提高社区服务设施使用效率，提高服务项目的普惠性，提高社区服务的便捷性。针对社区实践，逐步建立起面向困难群众的社会救助服务，面向孤、寡、老、残等特殊人群的社会福利服务；面向下岗失业人员的社会保障服务等多类型、多层次、广覆盖的社区服务体系正发挥着越来越重要的作用。达州市部分城市社区积极加强同四川文理学院合作，建立社区志愿者数据库，有一支常年为社区老人提供志愿服务的青年志愿者成为社区志愿服务的重要力量。

3. 进一步优化了社区治理运行机制

建立社区党组织、社区居委会、业主委员会、物业公司、社会组织、驻社区单位"六位一体"的社区多维联动工作机制，推行分片包块、上门走访、服务承诺、结对帮扶等做法，凉水井社区、团包梁社区等实行网格化管理，方便群众办事，实现服务领域、服务人群"两个全覆盖"。创新监督考评机制，完善社区监督委员会的监督机制，完善社区党务、居务、财务、服务等信息公开机制，建立社区服务项目动态监督机制。充分运用社区信息化建设成果，有序开展社区居民对基层政府及其派出机构工作情况的评议，对服务单位和物业服务企业服务情况的监督，切实维护居民民主权利与合法权益。

三、达州市城市社区治理能力现代化建设中存在的问题

城市社区治理能力现代化作为达州市推进幸福社区、和谐社区建设的重要内容,其做法和经验值得推广和借鉴,已取得的成效也非常明显。但同时,我们也应该看到,达州市城市社区治理中还存在着许多问题,治理能力建设离国家治理体系和治理能力现代化的目标和要求还存在很大的差距,甚至在一些方面还存在矛盾的地方,主要体现在以下四个方面。

(一)社区功能定位不明确,存在严重的越位、错位和缺位现象

社区,作为微型的组织单位,它既是国家基层政权体系的神经末梢,也是城市居民生活的主要场域,在国家的政治体制构建中,社区属于基层群众自治的重要组成部分,它是城市居民参与国家政权建设、实践当家做主权利的基本单元构成,城市居民通过民主选举、民主决策、民主管理、民主监督等方式履行职权、治理社区。社区的功能划分和角色定位在于自我管理、自我教育、自我服务,自治是其本色、服务是其灵魂,街道办事处或其他政府部门与社区之间的关系仅在于工作上的指导关系和法律上的监督关系,不存在上下级的行政隶属关系,社区干部要对民负责、为民服务。但通过调研我们发现,在达州市的城市社区治理中,社区所发挥的功能存在很严重的越位、错位、缺位的现象。首先,就越位而言,社区干部并没有能够充分地认识到自身的职责定位和管理权限,他们总是习惯于以管理者的角色对社区事务和社区居民进行治理,社区内部事务他们几乎无所不包、无所不管,"社区自治"沦为了"居委会自治",居民的自治权利没有得到体现,居委会的权利却无限扩大了。其次,就错位而言,社区作为自治单位,居委会并不隶属国家"官制系统",但在达州市的城市社区中,居委会的"行政化"色彩特别严重,它不仅承担了许多本该由街道和政府部门承担的职能,而且在社区内部它们也以政府部门自居,俨然已沦为"行政之腿"。再次,就缺位而言,与社区行政化和居委会越权化相并存的是,达州市的城市社区还存在明显的功能缺位,通过调研发现,在达州市的许多社区,居民的日常休闲、健身、娱乐等场所特别少,公共服务基础设施建设还比较匮乏,难以满足居民的需要。特别是老人照料服务和儿童假日的托管服务在一些社区里还没有真正地建立起来,还有一些社区因资金、场地、志愿者等资源的缺少而无力将已经开展的社区服务项目继续下去,如凉水井社区的居家养老服务已面临中断的危险。

（二）社区治理组织体系不够健全，民间组织参与社区治理的机制和渠道不够畅通

民间参与社区治理是提高社区治理能力、供给良好社区公共服务的重要机制，它也是社区治理体系构建的重要内容。一般而言，民间组织发达并有充分的渠道参与公共事务治理的社区，不仅能够弥补政府和居委会社区治理和服务供给能力的不足，有利于提高社区治理水平，而且还能够培育良好的公民精神，提高居民对社区公共事务关怀的意识，从而使居民的社区共同体意识也更为强烈。在达州市的城市社区治理中，虽然已有个别社区开始注重引进并发挥民间组织在社区治理中的作用，如凉水井社区于2013年引进了达州市众爱社会工作服务中心，创建了"众爱家园"为社区居民提供儿童的假期照料和托管服务，解决父母上班、孩子无人照看的难题，但民间组织在达州市发展还非常薄弱，许多社区并没有开展社区与民间组织的合作项目，民间组织还缺少良好的渠道和机制参与到社区治理中。

民间组织在社区治理中的缺位不仅直接导致社区公共服务供给质量不高，社区内部基于信任、规范、合作的良好社会资本也难以建立起来。同时在社区居民的维权行动中，由于缺乏社区民间组织作为依靠，居民的维权行动难以理性化，往往会演化为非理性化的人身冲突，从而影响社区的和谐稳定。

（三）社区治理的基本主体关系有待进一步理顺

社区治理的基本主体主要包括居民委员会、业主委员会和物业管理公司，三者共同构成社区治理的组织体系。在社区治理中，居民委员会属于社区自治组织，负责社区治理工作；业主委员会是业主利益的代表组织，业主通过业主委员会行使共同管理权；物业管理公司是由业主委托，承担对小区内部房屋、公用设施、绿化、交通等专业管理的职责。三者从不同方面为社区居民提供服务，保证了社区的良好治理，从而构成了社区治理的"三驾马车"。但在社区治理实践中，三者的职责划分并不是非常明确，甚至存在三个治理主体之间利益关系不明确的情况。

在达州市城市社区治理实践中，治理主体关系不畅主要体现在以下几个方面：首先，居委会与物业管理公司的关系不畅。在有些社区，经常出现二者在管理工作中不相互配合的情况，有利益的事情，如社区内部的收费项目，居委会与物业管理会争相管理，而对于无利的事情和一些难点工作，二者却相互推诿。还有些社区物业与居委会互不理睬、各做主张，不仅给对方造成管理上的

困难，也导致社区治理问题重重；其次，委会与业主委员会之间的关系不畅。居委会在社区治理中总是以管控型的思维对社区进行管理，对业主委员会的事务过多干预，甚至包办代替；有些业主委员会成员的产生也并非经由业主民主选举产生，而是由居委会直接指定和委派，这不仅影响了业主委员会的代表性，也致使业主自治功能难以发挥；最后，业主委员会与物业管理公司之间矛盾多发。有些社区由于物业管理公司所提供的服务不到位或质量不高，经常出现业主投诉的现象。

（四）居民参与社区治理的意愿不够强烈，对社区事务关心不足

城市社区与农村村落存在很大的不同，农村村落场域属于传统的"熟人社会"，农民世世代代生活在村庄里，农民的利益、人际关系，甚至一些商业经营都与村庄密切相关，所以农民对村庄事务会有更多的关心。但在城市社区，它是由一群陌生人随机构成的单位，社区于居民而言只是居住的场所，居民的利益关系、人际往来以及工作考核等都与其所在的工作单位有关，而与其居住的社区却没有太大的关联，社区居民对社区的认知和共同体意识不够强烈，对社区公共事务的参与积极性也不够明显。在达州市的城市社区里也存在着同样的情况。通过访谈调研我们发现，社区居民虽然越来越关心社区的环境、基础设施的建设、物业的管理等问题，但对社区内居委会的选举及其履职情况、业主委员会的产生方式、社区内公共环境的维护等却关心不够。由此导致，在一些老城区内社区，居住环境差，居委会不作为的现象也非常明显。

四、推进达州市城市社区治理能力现代化的建议

针对达州城市社区治理能力现代化建设中存在的问题，为了更好地推进达州城市社区治理体系和治理能力现代化，需要针对达州市实际情况，充分调动各方面的积极性。

（一）切实提升城市社区治理理念，实现从"管控"向"治理"的转变

理念是行动的先导，社区管理者持有怎样的管理理念会直接影响到社区治理的行为及社区治理的绩效。达州市的城市社区治理之所以还存在多种问题，其首要原因在于社区管理者在国家治理体系和治理能力现代化的背景下还未能充分地转变管理理念，依然习惯于用"管控型的思维"、行政化的方法对社区进

行管理，各治理主体之间不仅未能实现在社区治理场域中的相互合作，反而出现了相互拆台、互不配合的现象，由此导致社区治理能力难以提升，社区治理绩效也难以改善。

民主治理理念与管控型的思维不同，它更加强调"多中心治理"格局的构建和成型，且各治理主体之间是相互合作、协作共治的关系，同时民主治理理念主张还权于民，让民众参与社区治理具有更为健全的渠道和方式，各社区治理主体也要对居民负责，受居民监督。改变社区治理主体的治理理念可以从以下几个方面着手：

第一，加强对社区治理者民主治理思维的教育和培养。

地方政府可以寻求与地方高校的合作，由高校组织相关专家对社区治理者的民主思维和治理能力进行培育，同时也对国内外先进的社区治理实践进行介绍和解读，这样既可以增强社区治理者的理论水平，拓宽其知识视野，也有助于塑造其社区治理思维，改变其工作方法，进而提升社区治理水平。

第二，可以由地方政府定期开展社区治理能力评比和竞赛活动，引入第三方评估机构对社区治理能力进行评估，并把民主治理思维和民主工作方法作为重要衡量指标。

第三，还需提高社区居民对社区治理的监督和参与意识，加强对社区管理主体的监督，从而提高治理主体对民负责的意识，进而提升社区民主治理水平。

（二）明确城市社区功能定位，厘定社区职能边界

社区职责不明，功能不分是造成城市社区治理陷入困境的重要原因，因而厘定城市社区职能边界，明确社区职责所在是加强城市社区治理体系和治理能力现代化的重要方面。

1. 厘清街道办事处和政府机构与社区之间的职能边界

街道办是国家政府部门在城市基层所设置的权力代理机构，属于国家的行政末梢，主要履行对地方事务的管理之责和上级交办的行政事项。而社区则属于基层群众自治单位，主要履行社区自治功能，直接对民众负责。但在中国的社区治理中，社区总是承担过多本该由城市政府承担的职责，不仅导致自身严重的行政化，而且每天忙于行政事务致使相关工作人员无力承担社区公共服务。因而我国应该建立相应的法律法规，切实明确街道办与社区之间的职能划分，对于越权干预行为要在法律上明确责任承担和惩戒措施。

2. 明确居委会、业主委员会、物业管理公司之间的职责划分

居委会、业主委员会、物业公司都是社区治理的主体，它们之间分工负责、相互协作有利于提高社区治理能力，实现社区善治，反之，三者相互扯皮、互不配合则易导致社区公共服务无人供给，社区治理困境重重。因而要推进社区治理体系和治理能力现代化，应该切实理顺社区治理基本主体之间的关系，三者之间应该多尊重、多沟通、多理解、多交流，从而达到合作共治，提升社区治理绩效。

（三）积极引入和鼓励民间组织的发展，为民间组织参与社区治理搭建良好平台

党的十八届三中全会报告提出，要正确处理政府和社会关系，加快实施政社分开，推进社会组织明确职责、依法自治、发挥作用。适合由社会组织提供的公共服务和解决的事项，交由社会组织承担。随着中国全面深化改革的推进以及国家治理体系和治理能力现代化的建设，社会民间组织在社会治理中的主体性作用日益彰显出来，其日益构成国家治理体系的重要组成部分。因而，在城市社区治理中，如何把民间组织的作用发挥出来，构建社区与民间组织的合作机制是提升社区治理能力的重要考量。首先，从国家层面来看，中国应该为民间组织的发展提供宽松而优良的法律制度环境。在放宽城乡社区民间组织直接登记政策的基础上，对社区民间组织直接登记的条件和门槛可适当降低，这样有利于大量资源不足的社区民间组织取得合法法人地位。同时，国家也要在财政上给予社区民间组织更多的支持，进一步完善政府向民间组织购买公共服务的机制；其次，从社区层面来看，城市社区就社区治理、公共服务供给等方面应该积极鼓励民间组织进入社区，从而为民间组织参与社区治理提供良好的渠道；最后，从民间组织自身来看，社区民间组织应该建立健全内部管理体制，积极引入现代管理手段完善组织结构，加强内部治理。社区组织还应该加大信息公开公示的力度，鼓励民众对民间组织的监督，以提升民众对民间组织的信任度。

（四）加强居民社区共同体意识和社区归属感的教育，培育居民社区公共关怀精神

城市社区居民的社区关怀意识和社区归属感直接决定着居民参与社区治理的意愿，也直接影响着社区的民主治理水平。因而，为了进一步提高社区的民主治理水平，构建多元化的社区治理体系，加强居民社区共同体意识和社区归

属感的教育，培育社区居民的公共关怀意识就显得尤为重要。首先，要增强居民与社区的利益关联。利益是居民参与的引导机制，利益延伸到哪里，居民参与就会在哪里兴盛。在城市社区中，居民如果能够参与社区营利的分红，就会有更多的意愿监督社区公共资产的管理。在达州市皇城一号小区，社区的营利性项目，如停车收费、商业房租等每年都按照常住人口进行平均分配，受利益机制的引导，居民不仅更加关心社区事务而且社区归属感也更为强烈；其次，要积极组织社区公共活动，拓展社区公共活动空间，在互动性活动中居民更容易形成团体意识；最后，要进一步改善社区社区治理水平，提高社区公共服务质量，以优良的服务和高质量的治理赢得居民的认同。

第三篇　党的建设篇

加强乡镇党政干部队伍建设研究

——以四川省大竹县为例

一、加强乡镇党政干部队伍建设研究的意义

乡镇是国家行政管理体系最底一级。乡镇党政干部队伍状况如何,关系到党的路线方针政策能否在基层贯彻执行,关系到农村全面建设小康社会宏伟目标的实现,因此,加强乡镇党政干部队伍建设十分重要。2007年以来大竹县采取一些措施加强乡镇党政干部队伍建设,如激发乡镇发展活力、公推直选、扩大党内民主和政务公开等,这些举措在实践中产生了积极效应,引起了中央和四川省委领导的高度重视和媒体的广泛关注,但学界还尚未有人对大竹经验进行探讨,理论研究的滞后与迅速发展的实践很不相适应。虽有学者如俞可平、徐勇、任中平、王道坤等对成都市的新都区、南充市的蓬安县、巴中市的平昌县、达州市的开江县等地的基层民主政治建设进行过探讨,并取得了一些研究成果,但他们的研究主要集中在乡镇党委书记的公推直选和村民自治方面,而从实践的层面从整体上探讨乡镇党政干部队伍建设状况很少有人论及。

本书以大竹县为重点,系统总结2007年以来大竹县在新农村建设进程中加强乡镇党政干部队伍建设的丰富经验,以及实践中存在的具体困难和实际问题,并对存在的问题进行深入分析和比较研究,在此基础上提出一些对策性的意见和建议,以推动这一工作的健康发展,并为各地加强乡镇党政干部队伍建设提供一些可资借鉴的经验和启示。

二、大竹县加强乡镇党政干部队伍建设的基本经验

大竹县位于四川省东部、重庆市北部,唐武则天久视元年置县,因"竹多竹大"而得名。现辖50个乡镇,384个行政村,辖区面积2 076平方公里,总人口108万,是四川省首批扩权强县试点县之一。近年来,大竹县委、县政府提出了"开明开放、奋发向上、苦干实干、富民强县"的发展理念和实现"川

东工业强县、川东现代农业示范县、川东一流中等城市、四川经济文化强县"四大发展目标。要为实现四大发展目标提供干部保障和人才支撑，大竹县下大力气抓好乡镇党政干部队伍建设，进行了激发乡镇发展活力、创新选人用人机制、乡镇基层干部公推直选、乡镇党务政务公开和推行民主评议等一系列制度创新，创造了一整套丰富的实践经验。

（一）激发乡镇发展活力，加强乡镇党委、政府建设

2007年8月和2009年10月，大竹县先后出台了《关于充分激发乡镇发展活力的十条意见》《关于激发乡镇发展活力的补充规定》文件，坚持放权、让利、减压、明责，从体制机制入手加强乡镇党委、政府建设，不断激发乡镇发展活力。

1. 赋予乡镇委托执法权限

在行政许可的范围内，以授权、委托等方式，将县级部门20余项行政、经济、执法管理权限下放、下延至乡镇。同时，县级部门派驻、下伸机构其他行政事项审核或审批前须书面征得所在乡镇政府同意，有效解决乡镇"责、权、利"不一致的问题。

2. 赋予乡镇人事管理权限

将乡镇中层干部任免权下放到乡镇党委，组织人事部门只负责审查任职资格和备案批复。对以条块管理为主的人员调动、任免、考核，必须征得所在乡镇党委的同意，年终考核权乡镇占60%、部门占40%。对直管单位派出机构，所在片区乡镇每年结合年度考核一并对机构及班子成员进行民主测评。凡乡镇站所工作人员因工作不力，乡镇党委要求县级相关部门调整的，县级部门须在半个月内做出处理。

3. 赋予乡镇更宽的财政管理权限

对建制镇收取的土地出让金和城市基础设施建设配套费全额返还乡镇用于集镇基础设施建设，提高乡镇新增税收县级分享部分以及社会抚养费返还乡镇的比例。

4. 赋予乡镇更活的运转空间

足额预算乡镇工作经费，坚持公用经费乡镇预算高于县级部门，偏远乡镇预算高于城郊乡镇20%。年终，县财政对保障水平最低的10个乡镇给予适度补助。

这些措施有效解决了长期困扰乡镇党委政府"责大权小、干部难管、工作难做"的难题，基本厘清了体制上多年存在的"条块纷争、利益割据、相互掣

肘"矛盾，形成了"共同推进、争相发展、加快发展"的可喜势头。

（二）公推直选乡镇党委书记、乡镇长

根据党的十七大提出的"提高党的执政能力建设"的要求和省委"崇尚实干"的用人导向，坚持"看德才选人，凭实绩用人"，大竹县积极探索改革乡镇党政干部选任方式，探索选人用人新机制。在阳光下选人用人，以公开促进民主、以公正提高公信。

1．在"公选公考"中选优

2007年11月，大竹县公选了7名乡镇长拟任人选；2008年8月，面向全县党政群机关、事业单位干部公开选拔10名驻特困村副乡镇长拟任人选；2010年8月面向全市公开选拔6名乡镇长人选；2010年9月面向全县公推直选5名乡镇党委书记。

以2010年9月面向全县公推直选5名乡镇党委书记为例，为了确保"公选公考"的公平、公正、透明，大竹县在候选人资格审查合格后，主要采取了以下步骤。

（1）公开报名。采取个人自荐、群众推荐和组织推荐相结合的方式进行。个人自荐，凡符合资格条件的人员，可直接到县公推直选工作领导小组办公室报名；群众推荐，10名以上党员、群众可联名推荐，群众推荐采取书面形式，署真实姓名；组织推荐，由所在单位党组织集体研究推荐。群众推荐和组织推荐的人员须符合任职资格条件，并征得本人同意并签字确认。

（2）资格审查。由县公推直选乡镇党委书记工作领导小组办公室对报名者进行资格审查。征求纪检监察、计生、安全、综治等部门意见后，没有影响任用问题反映的资格审查合格人数与公推直选名额的比例不低于5∶1。若低于规定比例，相应减少公推直选名额。

（3）公开选拔候选人初步人选。通过集中非定向公开选拔的办法，按4∶1的比例产生候选人初步人选。集中非定向公开选拔采用面试的方式，主要测试报考对象担任乡镇党委书记应具备的综合分析、逻辑思维、语言表达、领导驾驭和解决实际问题等方面的能力。实行现场打分、计分、公布得分结果，并在县电视台、党政网发布公告。

（4）组织考察。对候选人初步人选进行全面考察，考察工作由县公推直选乡镇党委书记工作领导小组办公室组织实施。考察中民主测评优秀和称职票得票率低于80%的，或不称职票得票率超过15%的，取消参与后面环节的资格。

（5）自主选择职位。考察合格的人选，再根据集中非定向公开选拔面试得分，按3:1的比例从高到低确定公推直选乡镇党委书记候选人预备人选。候选人预备人选按面试得分从高到低自主选择具体职位，每人只能选择1次。若放弃选择，则在考察合格的人选中按面试得分从高到低依次递补。若面试得分相同，则近三年年度考核优秀票平均得票率高者优先。

（6）实地调研。由县公推直选乡镇党委书记工作领导小组办公室组织集中调研。主要采取召开座谈会，深入到村、企业、农户走访，与乡村干部和党员群众交流沟通等形式，就该乡镇政治、经济、文化、社会发展和党的建设等情况进行实地调研。同时，候选人预备人选撰写调研报告，提出该乡镇经济社会发展、改善民生、党的建设等方面的规划和任期目标及主要措施。调研报告送县公推直选工作领导小组办公室审阅，当选后存乡镇党委并装入干部个人档案。集中调研原则上5~7天完成。

（7）公开推荐候选人正式人选。在公推直选的乡镇召开公开推荐大会，由候选人预备人选围绕自己的基本情况、任职优势、任期目标、工作思路及措施进行演讲，并回答参会人员的提问。演讲答辩结束后，参会人员无记名投票，民主推荐产生候选人正式人选。

（8）批准正式候选人。由所在乡镇党委上报公开推荐的候选人正式人选。县委常委会议按2:1的比例批准正式候选人10名（每个乡镇2名）。

（9）直接选举。按照《中国共产党基层组织选举工作暂行条例》的规定，组织召开乡镇党员大会，对2名正式候选人进行直接选举。直选前，正式候选人党组织关系不在所选乡镇的，应将党组织关系转到该乡镇机关党支部。

（10）审批。选举工作结束后，由所在乡镇党委将选举结果报县委审批。

2. 在"基层基础"中选任

坚持干部下基层去、干部从基层来的原则。建立基层干部提拔提任机制，要求各部门局长原则上从乡镇党委书记产生、长期在乡镇工作的党委书记和乡镇长原则上安排进城。2009年至2010年，乡镇由股级干部提拔担任副科级领导干部154人，由副科级领导干部提拔为正科级干部42人；全县44名乡镇领导干部交流进县级部门任职。特别是提拔重用8名在平武、什邡重灾区抗震救灾中表现突出的干部。其中，1名乡镇长转任乡镇党委书记，4名乡镇副职提拔为乡镇长，3名股级干部提拔为副科级干部。

（三）大力推进乡镇党政决策科学化、民主化

大竹县为了解决长期以来乡镇领导班子决策过程中存在的"一言堂"等突出问题，通过扩大党内民主和基层民主，积极推行乡镇党政会议开放，开展党员群众代表列席乡镇党政会议、乡镇重大决策实行咨询论证等一系列实践探索，使乡镇党委和政府的决策更加符合民意，更加体现人民群众的利益要求。

（四）坚持实行乡镇党务、政务公开

大竹县在推进基层民主政治建设实践中，充分尊重党员主体地位，保障党员民主权利，发挥人民群众的监督作用，积极推进乡镇（街道）党务、政务公开，明显地提高了乡镇党务、政务工作的透明度，赢得了广大党员群众的理解和信任。

（五）积极推行民主评议

真理来自基层，改革的思路和创新的举措也同样来自基层，来自实践，来自群众。大竹县充分发扬民主，邀请人民群众、专家学者和实际部门的同志共同参与，集思广益，科学论证，民主决策，积极推行民主评议，切实做到听政于民、评之于民。

三、大竹县加强乡镇干部队伍建设的实践成效

乡镇干部是贯彻执行党的乡镇各项方针政策的骨干，是团结带领广大群众脱贫致富奔小康、建设社会主义新农村的带头人。加强乡镇干部队伍建设，是解决"三农"问题这一全党工作重中之重的关键。加强乡镇干部队伍建设，既是新形势下加强党的执政能力建设和先进性建设的迫切需要，也是全面建设小康社会、构建社会主义和谐社会的根本保障。大竹县近年紧紧围绕加强党的执政能力建设和先进性建设这条主线，在推进社会主义新农村建设进程中，坚持把乡镇党政干部队伍建设作为发展党内民主和基层民主的重要内容，以激发乡镇发展活力为突破口，进而扩展到乡镇党政领导公推直选、乡镇党委决策民主化、乡镇党务公开和实行民主评议等一系列制度创新，并在实践中不断完善制度配套建设，达到了较高的制度化水平，走上了循序渐进和逐步深化的发展轨道。切实加强干部队伍建设和管理，努力建设高素质干部队伍，为实现各项工作目标提供思想政治保证、人才保证和智力支持做了大量卓有成效的工作，在推进社会主义新农村建设进程中，有力地促进了农村经济和社会各项事业的蓬

勃发展，取得了十分显著的成效。

1. 党群、干群关系发生了深刻变化

大竹县通过实行激发乡镇发展活力，公推直选乡镇党委书记、乡镇长，大力推进乡镇党政决策科学化、民主化，实行乡镇党务政务公开，积极推行民主评议等一系列改革措施，调动了基层干部和群众干事创业的激情，特别是乡镇干部在转变职能、理顺关系、优化结构、提高效能方面十分重视民主在行政管理体制改革中的基础性作用，善于运用法治手段推进和保障改革，得到了广大群众的支持和拥护。2010年11月，在县委组织部召开的部风监督员座谈会上，大家普遍认为，现在用人既注重了结果的公正性、民意的有效性、过程的透明性，又注重了人岗的适用性，考虑了干部能力的全面性，群众十分满意。在大竹，干部选任没有"潜规则"，干部是凭真本事"赛"出来的观念，已经深入人心。干部群众普遍反映，现在干部选任"风气正、导向好，过程公开透明，结果公平公正"，"搞勾兑""跑官要官"已经没有"市场"了。党在广大农村的执政基础得到了维护巩固，党在基层社会的执政能力得到了有效提升。

2. 激发了广大党员群众关心政治、参与改革的热情，各项事业取得了明显成效

大竹县紧紧围绕十七大报告关于发展社会主义民主政治的必然性和重要性，让权力在阳光下运行，加强建设服务型政府，切实让一切权力属于人民，激发广大党员群众关心政治、参与改革的热情，为实现全县"四大目标"打下了坚实的群众基础，有力地推动了城乡经济社会的协调发展。2010年，实现GDP 159亿元，规模以上工业增加值64.94亿元，地方财政一般预算收入4.57亿元，地方财政一般预算支出20.71亿元，固定资产投资105.06亿元，社会消费品零售总额46.61亿元。2010年，实现城镇居民人均可支配收入12 871元、农民人均纯收入5 956元，分别比上年增长14.5%、16.8%。在经济建设取得明显成绩的同时，教育、科技、文体、卫生、食品药品监督等工作得到了快速发展。几年来，大竹县先后荣获"中国香椿第一县""全国粮食生产先进县""全国节水灌溉先进县""全国农村中医工作先进县""全国计划生育优质服务先进县""全国老龄工作先进县""全国农村水电电气化达标县""四川省环境优美示范县城""四川省文明城市""四川省绿化模范县"等称号，被确定为"革命老区县""中央财政小型农田水利重点县""国家优质商品猪战略保障基地县""全国优质苎麻种植基地县""全国生猪调出大县""全国科技富民强县试点县""全国义务教育均衡发展督导评估试点县"。

3. 规范了政府的行政行为

公共行政的有效开展,要求对公权力进行重新调整和配置,以发挥社会自治的力量、保障公众在社会事务管理中的参与权利;而这些也都依赖于行政体制发挥其基础性的作用,因为没有规范的行政行为,公共行政的有效运行只能成为空谈。大竹县积极引入符合现代市场经济规律和价值理念的管理和服务手段,出台《县政府重大行政决策程序规定》等一系列规范性文件,建立重大决策后评估制度。灵活、高效、务实的行政体制使公权力在阳关下运行,乡镇领导干部逐步学会使用民主的方式解决改革中出现的新矛盾、新问题,为新农村建设和城乡环境综合治理提供了和谐稳定的社会环境。过去一些历史遗留下的问题长期得不到解决,基层的个别领导干部又不能正确认识和对待群众的利益表达行为,激化了社会矛盾,引起群众不断上访,导致经济社会运行长期不协调,影响了社会的和谐稳定。经过几年基层民主政治建设后,不少乡镇党委、政府,坚持和完善了村务、厂务、政务、党务的"四公开"制度,抓好程序民主和实质民主的统一,创新社会不同利益群体的沟通渠道和协调机制,让群众中的许多疑问、误解在民主机制中得到及时澄清和消除,化解了群众多年来反映强烈的历史遗留问题。大竹县在近几年新农村建设快速发展的情况下,群众信访和群体性事件呈现出逐年下降趋势,全县和谐稳定的局面已基本形成。2008—2010年,连续三年荣获"四川省维稳工作先进县""四川省平安建设先进县"称号。

4. 激发了干部比学赶超氛围,队伍活力不断增强

大竹县一方面完善人才流动机制,进一步明确乡镇人事调配原则、调配条件、调配范围、审批权限、审批程序和调配纪律,为人才合理、有序流动奠定机制保障;另一方面坚持以德为先、德才兼备、崇尚实干、群众公认的用人导向,让一大批想干事、能干事、干得成事的乡镇干部走上领导岗位,目前基本形成了比学赶超的良好氛围,队伍活力不断增强。

四、大竹县乡镇干部队伍建设中存在的主要问题及对策分析

(一)乡镇干部队伍建设中存在的主要问题

近年来,大竹县通过积极建章立制,创新基层组织设置方式,抓好配备选拔工作,大力加强教育培训,优化农村基层干部队伍结构,扎实推进农村基层干部管理工作制度化、规范化,不断提高乡镇干部队伍的整体素质,为充分发

挥基层干部作用提供有效载体，农村基层干部队伍建设取得明显成效。乡镇干部队伍的整体素质有了较大提高，数量上得到精简，年龄上趋向年轻化，知识和专业结构有了改善。但与新形势、新任务的要求相比，还有许多不适应的地方，干部队伍中还存在一些亟待解决的问题。

1. 乡镇党委、行政监督管理制度有待加强

由于行政监督管理机制不健全，一些乡镇干部不愿深入农村、深入群众，工作浮在面上；有的乡镇干部在工作中存在着形式主义、官僚主义；有的办事不公、处事不当；个别干部为政不廉，以权谋私；有些干部仍然习惯于行政命令式的方式方法开展工作，工作方法过于简单，缺少主动到群众中去解决实际问题的意识，存在"等、拖、推"的官僚作风；有的怕失去选票，怕得罪人，争做"老好人"。这些问题很大程度上导致了基层组织在群众中威信不高，影响了群众的信任和支持。为此，乡镇党委、行政监督管理制度有待加强。

2. 干部选拔、管理、监督、激励机制有待健全

干部选拔任用机制的制度体系尚未完全形成，政策的系统性、配套性和规范性还不强。对乡镇干部的推荐、考察和选拔等环节还不是很规范，而且选人渠道较窄，乡镇干部的"进""出"口不畅，考核激励机制不健全，积极性难以充分发挥，干部选拔、管理、监督、激励机制有待健全。

3. 乡镇党委、行政民主评议有待提升

乡镇党务、政务公开内容不够真实，实际效果也不够理想，参会代表的素质和能力有待提高。乡镇党委、行政会议仍不够开放，还需统一规范，列席代表的作用发挥也值得研究，乡镇党委、行政民主评议有待从根本上提升。

4. 教育培训针对性、实用性有待商榷

干部培训缺少针对性、实用性，培训力度不够、渠道狭窄、形式单一。由于受师资、资金、地域等条件限制，干部培训只局限于一般的岗位培训，缺乏有针对性的深层次规模培训措施。乡镇干部资源配置的统筹性和计划性还不够完善，梯队培养的意识不强，培训学习和实践锻炼存在着条块分割，导致文化基础较弱，知识更新不及时，思想观念保守陈旧，基层干部的政治业务素质难以适应新形势发展的需要。

5. 政治生态环境有待改观

受自然环境制约，也受到管理体制的制约，现在乡镇党委政府的责任越来

越大，但乡镇有调控和执法职能的机构大部分收归上级部门管理，乡镇党委政府的权力越来越小，导致干部"恋城不恋乡"现象突出，政治生态环境有待大幅改观。

（二）加强乡镇干部队伍建设的对策与建议

乡镇是国家行政管理体系最基础的层次，肩负着促进农村经济社会发展、维护农村社会稳定等艰巨使命，是国家和社会连接的枢纽，其核心是乡镇党委，关键是乡镇政府。中央2010年1号文件提出要把统筹城乡发展作为全面建设小康社会的根本要求，把推进城镇化作为保持经济平稳较快发展的持久动力，这就要求深化农村各项改革，迫切需要有一支强有力的乡镇党政干部队伍。在新形势下，进一步加强农村基层干部队伍建设，必须从制度和机制建设入手，要紧紧抓住"创先争优"活动的难得机遇，在加强农村基层党组织建设方面狠下功夫，着眼于"选、管、培、评、育"五个方面，花大力气发现人才、培养人才、使用人才、留住人才，积极探索出一套"选得准、留得住、干得好"的干部教育和管理机制，建设一支素质优良、作风过硬、德才兼备、后备有序的干部队伍，在切实提高农村基层干部队伍的综合素质和执政能力上狠下功夫。

1. 建立乡镇党委、行政监督管理机制

一是规范乡镇干部工作制度。重点是建立健全任期目标管理责任制。同时，逐步完善年度考评和任期经济责任审计、离任审计、村组财务审计制度和个人收入申报等制度，实现农村基层干部规范化、制度化管理；二是坚持和完善民主管理机制。重点是推行"阳光政务"。在乡镇要落实好政务公开、党务公开。加大组织监督管理力度，建立乡村领导干部预警教育制度。

2. 建立和创新农村基层干部选拔任用机制

一是坚持正确的选人标准。要在坚持德才兼备的前提下，把经济的发展程度、农民的富裕程度、群众的拥护程度作为选拔乡镇干部的重要标准；二是拓宽选人渠道。坚持把党政机关新录用的公务员放到乡镇。同时，可从农村科技示范户、专业户、企业骨干、复退军人、务工经商人员、回乡知识青年以及留村优秀青年中选拔一批乡镇干部；三是积极探索农村基层干部选拔任用的新方式。根据乡镇直接服务群众的特点，采取"三推两考一选"（组织、党员干部、群众推荐，进行考试和考核，按党章和有关法规进行选举）、"两票"（民意测验票、选举票）选举、"海推直选"等办法产生乡镇领导干部；四是坚持和完善干部交流制度。探索建立党务工作岗位与经济工作岗位、综合部门与专业部门、

基层与上级、机关与一线、发达地区与贫困地区、企业与行政机关之间的干部流动机制；五是建立健全干部能上能下机制。坚持和完善干部公选制、末位淘汰制、中层干部竞争上岗制度等。坚持正确的用人导向，使优秀人才脱颖而出。

3. 建立和完善民主决策机制

在乡镇，事关群众切身利益的重大决策出台前，要广纳民意，深入开展调研，广泛征求群众意见，把群众意志贯彻于决策全过程。建立和完善群众参与监督机制，积极探索群众和党代表列席党委会议，聘请群众监督员监督党委和政府重大工作等制度，使党委和政府的决策更加科学、民主。

4. 建立健全农村基层干部教育培训的长效机制

坚持不懈地抓培训，通过有计划、有目的、多层次、多渠道的培训，全面提高干部的整体素质。建立健全干部教育培训保障机制，把学习成效作为干部提拔和奖惩的重要依据，把培训作为提高农村基层干部素质的根本性和基础性措施。加强县委党校师资队伍建设，建设一批既有丰富理论知识又有丰富实践经验的、思维活跃的专兼职教师队伍。

5. 加强乡镇干部队伍作风建设，密切党群干群关系

一是建立健全干部联系群众制度。坚持和健全领导干部调查研究制度、接待群众来信来访制度；二是努力提高乡镇干部依法行政的能力。要加强民主法制建设，组织干部学习法律知识，积极推进乡镇党委政府工作的法制化建设，规范政府部门的行政处罚、行政许可、行政收费、行政程序等公共行为，强化依法行政的监督机制；三是营造乡镇干部求真务实的良好环境。坚持和完善领导干部基层联系点制度，建立和完善领导挂点、部门包村、干部帮户制度。采取有力措施，推动农村基层干部讲实话，办实事。真正减轻乡镇干部的工作负担，让他们一心一意抓改革，谋发展。

四川县级供电企业党组织建设研究

——以达州市为例

一、县级党组建设国内外研究现状、发展趋势和研究的必要性

学术界对国有企业党组织建设已有不少研究，并取得了较为丰硕的成果。但是对于县级供电企业党组织建设，却很少有专家学者关注。笔者查阅了大量文献资料（包括电子文献），发现少有对县级供电企业党组织建设进行系统研究的理论文章或调研报告。

党的基层组织是党执政的组织基础。县级供电企业党组织是电力系统党组织中的基层组织。对上级组织而言，县级供电企业党委发挥着战斗堡垒作用，是电力系统全部工作和战斗力的基础；对县级企业而言，县级供电企业党委又起着政治核心作用。既然县级供电企业党组织具有如此重大的作用，相信今后会有越来越多的人关注此项研究。

电力行业是关系广大人民群众的生产生活、关系着国计民生的重要行业，也是展示党的形象的窗口行业。在新形势下，抓好供电企业尤其是县级供电企业党组织建设，对于充分发挥党的思想引领优势、政治组织优势和群众工作优势，加快建设建强电网，为建设美丽繁荣和谐四川贡献出更大力量很有必要。

本章以达州市电力局下属各县级供电企业党组织建设为研究对象，通过实地调研、问卷调查等形式，力图探寻四川县级供电企业党组织建设的有效途径和方法，推动各县级供电企业党组织建设实现科学化。

二、达州市电业局下属县级供电企业党组织建设现状分析

（一）基本情况

达州市电业局下辖 4 个供电局（达县供电局、大竹县供电局、宣汉县供电局、万源市供电局）和 2 个控股公司（新桥电力公司、宣汉电力公司），共有党员 695 名，各县级供电企业党组织基本情况如下。

万源市供电局党委设有六个党支部，共有党员55名。从性别构成看，女性党员3名，男性党员52名；从年龄构成看，30岁以下党员有6名，30~45岁党员27名，45岁以上党员22名；从学历构成看，高中及以下学历15名，中专学历12名，大专学历20名，本科学历8名；从职称构成看，具有助理工程师资格的8名，具有工程师资格的8名，具有技师技能等级的10名，具有高级技师技能等级的1名。

达县供电局党委设有5个党支部，党员95人。从性别构成看，女性党员6人，男性党员89人；从学历构成看，大专及以上学历54人，中专学历12人，高中及以下29人；从年龄构成看，年龄50岁以上15人、40~49岁34人、30~39岁39人、30岁以下7人；从职称构成看，高级职称1人、中级职称12人、初级职称21人。

大竹县供电局党委设有3个党支部，党员58人。其中退休职工党员22人，在职职工党员36人，在职党员队伍中，平均学历大学专科，其中女党员5人。

宣汉县供电局党委设有7个党支部，共有党员87名。其中全民在册职工党员29名，集体职工党员2名，农电工党员37名，退休党员11名，列席党员8名。党务工作者有专职党委书记1名，党委副书记（局长、纪委书记）2名，兼职党支部书记7名，无专职党支部书记。

新桥供电公司党委设有10个党支部，党员人数150人。从性别构成看，男性党员139人，女性党员11人；从学历构成看，大专及以上学历70人，高中、中专学历42人，小学、初中学历37人；从职称构成看，具有中高级职称党员22人，具有初级职称党员70人。

宣汉供电公司党委设有20个党支部，共计250名党员。其中在岗党员171名，离岗、待岗党员43名，退休党员36名，女党员20名。在岗党员中，从学历结构上看，专科及以上学历109人，中专学历42人，高中及以下学历50人；从年龄结构上看，45岁的党员58人，30~45岁的党员109人，30岁以下的党员4人。

（二）达州市电业局下属县级供电企业党组织建设取得的成绩

党的十七大以来，达州市电业局下属县级各供电企业按照中央、省委和省电力公司的统一部署，以深入学习实践科学发展观活动、创先争优活动和基层组织建设年活动为抓手，不断探索新形势下党的建设的新方法、新手段，取得了可喜的成绩。根据达州市电业局2011年基层党组织情况问卷调查和2012年第二季度政工例会的相关资料，结合课题组成员实地考察和走访，达州市电业局下属县级供电企业党组织建设的取得的成绩主要表现在以下几个方面。

1. 思想建设不断加强

各县级供电企业通过党委中心组的政治学习以及入党积极分子、新党员培训班等多种形式，坚持以理想信念为核心加强党员干部的思想教育，解疑释惑，疏通职工情绪，为各供电企业的发展提供良好的思想保证。如原通州供电局党委完善了领导班子学习制度，坚持每月一次的党委中心组学习，采取集中学习与自学相结合的方式，要求领导班子成员认真撰写学习笔记和心得体会，提高班子成员的思想政治水平和决策能力；达县供电局党委坚持每周举办一次培训，由局领导和本部机关所有人员、班组长轮流授课，内容不限，这既是对授课者的挑战和压力，也为员工之间搭建了良好的沟通平台，构建了一个立体的思想政治工作模式。大竹供电局党委在思政工作中坚持做到"四个不忘"，即节假日不忘召开一次座谈联欢会，不忘为困难职工和生病职工送去温暖，职工生日不忘送去一个蛋糕、一份祝福，职工现场工作不忘送去慰问。宣汉供电局党委构建起党委、科室、班组三级思政工作网络，及时分析员工思想动态，及时反馈沟通信息，掌握苗头性问题，缓解员工心理压力。万源供电局党委强化政治学习和对员工的形势教育，邀请高校专家做理论辅导，利用身边的红色资源加强对党员干部的思想教育。新桥供电公司党委重点抓好党委中心组学习，结合员工思想实际，深入开展形势任务宣传教育，同时通过创建省级文明单位，增强企业文化的软实力。宣汉供电公司党委通过参加"我身边的共产党员""为民服务创先争优典范"及宣汉县"学林森，赛奔跑，争做人民满意服务员"主题演讲比赛，大力宣传公司广大党员鲜活、生动的感人事迹，形成崇尚先进、学习先进、争当先进的良好风气。

据达州市电业局 2011 年基层党组织情况问卷调查表明，在被调查人员的 1 449 人中，有 1 342 人认为企业党组织开展活动的重点是"引导企业贯彻党的方针政策、遵守国家法律法规，坚持正确发展方向"，占 92.6%；有 1 243 人认为"企业党组织开展了卓有成效的思想政治工作，营造了和谐的劳动关系"，占 85.7%；有 1 169 人认为企业党组织"积极培育企业文化，引导企业履行社会责任"，占 80.6%。

2. 组织建设不断深化

县级各供电企业按照上级的部署，深入开展"基层组织建设年"活动，促进基层党组织创优升级。建立健全"三集五大"①体系建设中的基层党组织，选好配强党组织负责人。加强对党员教育管理，促进党员在"三集五大"中发挥表率作用。加强标准化党支部建设，开展党支部联系点活动。开展"党支部书记讲党课"竞赛活动，举办学习型党组织建设成果发布会，努力建设学习型党组织。加强党员服务队日常管理，全面兑现为民服务十件实事承诺。据达州电业局2011年基层党组织情况问卷调查表明，在被调查人员总数1 449人中，有1 396人对所在企业党组织发挥作用的总体评价为"好"或"较好"，占96.3%。

3. 作风建设取得实效

在创先争优和"基层组织建设年"活动中，各县级供电企业广大党员干部解放思想、转变作风，在迎峰度夏（冬）、增供扩销等各项工作中充分发挥党组织的战斗堡垒和党员的先锋模范作用，取得了明显实效并得到老百姓的赞誉。如达县供电局党委开展"为民服务创先争优——大走访、大宣传、大服务"主题实践活动，走访大客户、服务化工园区，针对化工园区特点，成立防化应急抢险分队；在对管村、平滩、金刚变电站的升级改造中，积极作为，战胜了场地狭窄、人员复杂等不利因素，提前完成改造任务。宣汉供电局党委将"李进峰供电保障服务队""党员服务队""青年志愿者服务队"作为深化创先争优、彰显光明服务形象的有效载体，这三支队伍成为深化创先争优活动、实施"95598光明服务"的靓丽旗帜。据调查，有1 383人对本企业党员发挥作用评价为"好"或"较好"，占95.4%。

4. 党风廉政建设有序推进

各县级供电企业党委严格落实党风廉政建设责任制，认真把握责任分解、责任考核、责任追究三个重点环节，在细化、深化、强化上下功夫。如宣汉供电公司党委与各党支部、全体党员签订《"党员身边三无"活动责任书》，并与各支部签订《党风廉政建设责任书》加强党纪党规、警示教育。深化廉政文化建设，各县级供电企业纷纷组织党员观看反腐倡廉警示片，与政法机关互动举办座谈会，到基层开展法律知识培训。同时，加大对重点关键岗位的监督，进一步理顺工作流程，使广大党员干部廉洁从业。

---

① "三集五大"：国家电网公司于2012年1月提出的一项管理措施。指的是人力资源、财务、物质集约化管理，大规划、大建设、大运行、大检修、大营销体系建设。

（三）达州市电业局下属县级供电企业党组织建设存在的问题

1. 一些企业对党建工作重视度不够，部分党员干部对企业党组织的政治核心地位认识不清

据达州市电业局2011年基层党组织情况问卷调查，在被调查的1 449人中，当被问及"你认为影响企业党组织建设发挥作用的主要因素"时，有664人认为是"领导班子认识不到位，重发展、轻党建，党组织无地位"，占被调查总数的45.8%。这说明各县级供电企业以追求经济效益为最终目标的观念广泛得到认同，但同时在企业内部也出现了重行政、轻党建、党组织无地位的现象。

2. 个别基层党组织的政治核心和战斗堡垒作用发挥不充分，个别党支部没有对党员、职工开展经常性的思想政治工作，对企业党员、职工中出现的一些不良现象和行为听之任之，没有及时培养、吸纳新党员，或吸纳新党员把关不严

据达州市电业局2011年基层党组织情况问卷调查，在被调查人员总数1 449人中，尽管有1 201人认为所在企业党组织比较重视在生产一线职工发展党员，但仍有35人认为重视不够或没有发展，这从上述各县级供电企业党组织提供的基本情况可以看出，30岁以下的年轻党员在各县级供电企业里确实偏少。

3. 专职党务干部较少，素质急需提升

据达州市电业局2011年基层党组织情况问卷调查，在被调查人员总数1 449人中，有425人认为影响企业党组织发挥作用的主要因素是"专职党务干部少"，尽管各县级供电企业都建立了党委思想政治工作部，但从事党务工作的专职干部少，党务工作烦琐，任务重，如宣汉县供电公司和新桥供电公司实际上从事党务工作的只有两人，却担负了企业日常党务工作、思想教育、文化建设等大量工作。据调查，在达州市电力局下属各县级供电企业里，从事党务工作的人员还没有一名是毕业于"党建"和"思想政治教育"专业的，没有相应的专业背景，从事党务工作和思想教育只能凭经验和激情，一定程度上影响了党建和思想政治教育的效果。

4. 部分基层党组织的党建工作缺乏创新，对党员的教育引导不够

有的基层党支部的党建工作不够系统，工作过于单一，仅仅把组织政治学习视之为党建工作的主要内容，而有的基层党支部党建工作没有与企业安全生产、依法经营紧密结合，收不到实际效果，还有一些基层组织沿袭了过去的工作方式，在工作思路和工作手段上因循守旧，缺乏新意，适应不了形势发展的要求。据达州市电业局2011年基层党组织情况问卷调查，在被调查的1 449人中，有287人认为党组织对党员教育引导不够；还有385人认为党建工作缺乏激励机制，党员内动力不足。

5. 部分党员自身素质还需要不断提高，思想不够解放，观念转变不到位，改革创新意识不强，党性不强，不认真履行党员义务，没有起到先锋模范作用

在各县级供电企业党员队伍中，高中及以下学历的人占了相当大的比重，具有中高级职称的专业技术人员少，说明了党员队伍的学历和技能素质亟待提升。另外一些党员在思想上也存在一些问题，据达州市电业局2011年基层党组织情况问卷调查，在被调查的1 449人中，有521人认为影响党员发挥先锋模范作用的主要原因是党员意识不强。这表明，提高党员意识，增强党性修养是当前各县级供电企业的当务之急。

三、如何加强达州市电业局下属县级供电企业党组织建设

当前达州市处在跨越式发展阶段，无论是促进经济建设还是保障人民生产生活需要，必须切实加强县级供电企业党组织建设，建设一支坚强的供电企业党员队伍。根据党的十八大对党组织建设的要求，结合电力企业自身实际，我们认为抓好县级供电企业党组织建设，应从以下几方面抓起。

（一）提高认识，充分发挥县级供电企业党委的政治核心作用

党的基层组织是党执政的组织基础。县级供电企业党组织是电力系统党组织中的基层组织。对上级组织而言，县级供电企业党委发挥着战斗堡垒作用，是电力系统全部工作和战斗力的基础；对县级企业而言，县级供电企业党委又起着政治核心作用。但是，自从国有企业转换经营机制以来，国有企业的党组织还要不要发挥作用，该发挥什么样的作用，诸如此类的问题，一直争论不休，这些争论，在县级供电企业里也有体现。之所以会出现这种争论，一个重要的认识上的原因就是对国有企业党组织在企业发展中的作用和地位认识不清。《中国共产党章程》规定，国有企业中的党的基层组织在企业发展中处于政治核心地位，并对其职责也做出了明确的规定："保证监督党和国家的方针、政策在本企业的贯彻执行；支持厂长（经理）依法行使职权，坚持和完善厂长（经理）负责制；全心全意依靠职工群众，支持职工代表大会开展工作；参与企业重大问题的决策；加强党组织的自身建设，领导思想政治工作和工会、共青团等群众组织。"县级

供电企业党委要按照《党章》的要求，认真履行职责，真正发挥政治核心作用。

1. 要明确企业党建工作的指导思想，紧紧围绕生产经营开展党的工作

县级供电企业的中心任务是生产经营，党建工作要紧紧围绕生产经营进行，服从和服务于这个中心，这不是降低党组织的地位和作用，而是找准正确位置。脱离生产经营和各项业务工作，党建工作和思想政治工作就落不到实处，难免苍白无力。"两张皮"既不利于经济工作，也不利于党的自身建设。服务是提供思想上、组织上的保证和精神动力。县级供电企业党建工作要找到恰当的结合点，渗透、落实、融合到经济工作中去，以促进企业的改革和发展，这样才能正确发挥作用，实现自身存在的价值。

2. 积极支持局长（经理）依法行使职权，提高参与重大问题决策的能力

局长（经理）作为县级供电企业的法人代表，依法对生产经营管理中的重大问题进行决策，党组织应当积极主动给予支持。如何使决策做到科学、民主、有效率，能集中领导班子集体和广大职工群众的智慧，尽量避免或减少失误，不仅企业行政领导负有主要责任，党组织也负有重要责任。离开了生产经营、干部人事、涉及职工切身利益重大问题的决策参与，党组织的政治核心作用就体现不出来，其他工作就难以做好。

对县级供电企业党委来说，参与决策不是直接决策，因此，讲究方式方法非常重要。就党委书记而言，要增强参与意识，提高参与水平，就必须熟悉经济工作，懂得生产经营，善于深入调查研究，有较高的政策理论水平。只有这样，话才能说到点子上，才能出好主意，干部职工才能信服。就局长（经理）而言，要增强依靠党组织和职工群众办好企业的意识，党员行政领导人要自觉增强党的观念和群众观念。政治核心是党组织而不是一个人。行政领导是党员，本身就在核心之内，而不是在核心之外。还要通过建立必要的制度和工作秩序，保证党委参与重大问题决策的具体实施。

（二）切实抓好县级供电企业党的建设

1. 加强思想建设，增强党组织的思想带动力

党的思想建设是党的建设的基础，加强党的建设要始终把思想建设放在首位，唯有如此，才能统一思想，凝聚共识，增强党组织的思想带动力。要以县级供电企业党委中心学习组为平台，加强领导干部的理论培训，提高他们的理论素养和道德品质；有条件的县局可邀请大学、党校的专家教授定期为党员职工

特别是入党积极分子做报告，不断提高他们的理论素质和道德修养。

根据当前形势和达州实际，加强县级供电企业党员干部的思想教育，从总体上讲，要抓好"两大理论体系"的学习；从具体上看，要抓好"三大精神"的宣传。

（1）抓好"两大理论体系"的学习

一是要抓好中国特色社会主义理论体系的学习，不断提升理论素质。中国特色社会主义理论体系是马克思主义中国化的最新成果，包括邓小平理论、"三个代表"重要思想以及科学发展观等重大战略思想，这一理论体系，科学回答了"什么是社会主义，怎样建设社会三义""建设一个什么样的党，怎样建设党""实现什么样的发展，怎么发展"等一系列重大问题，用新的思想、观点丰富和发展马克思主义。坚持不懈地用中国特色社会主义理论体系教育党员干部，使他们正确理解党的路线方针政策，在思想上、行动上与中央保持一致。二是要抓好社会主义核心价值体系的学习，不断提升道德修养。社会主义核心价值体系包括马克思主义指导思想、中国特色社会主义共同理想、以爱国主义为核心的民族精神和以改革创新为核心的时代精神、社会主义荣辱观。对于县级供电企业而言，要坚持马克思主义的指导思想，用马克思主义中国化的最新成果教育党员干部，用中国特色社会主义共同理想凝聚力量，用爱国主义为核心的民族精神和以改革创新为核心的时代精神鼓舞斗志，用社会主义荣辱观引领风尚，巩固全体党员干部的思想道德基础。

（2）抓好"三大精神"的宣传

一是要抓好巴山红军精神的学习宣传。达州市是川陕革命根据地的中心地带，从这里走出了威武雄壮的红四方军，走出了王维舟、陈伯钧、张爱萍、魏传统、向守志等革命前辈，徐向前、许世友、李先念等曾在此浴血奋战；这里曾有14万巴渠儿女参加红军，有8万人为中国革命献出了宝贵生命；这里有数以万计的红军战斗遗址，有许许多多脍炙人口的红色经典故事，特别是在长期的革命斗争中所形成的"智勇坚定、排难创新、团结奋斗、不胜不休"的巴山红军精神，对于县级供电企业加强职工的思想教育有特别重要的意义。达州市电业局下属的各供电局、公司都有丰富的红色资源，可利用节假日、纪念日组织干部职工进行红色考察，让他们在"游中学，学中游"；二是要抓好"抗洪精神"的学习宣传。近年来，由于特殊的地理环境，达州市几乎每年都要发生特大洪灾，在抗洪救灾中，凝聚了达州市"万众一心、顽强拼搏、自立自强、不胜不休"的抗洪精神。面对洪灾袭击，达州市电力局下属各县级供电企业都组织了"共产党员先锋突击队"，抢修电力设备，及时恢复供电，为灾后恢复重建做出了电力人的贡献,生动诠释了达州"抗洪精神"。学习宣传达州"抗洪精神",可以增强干部职工的社会责任感和人文关怀意识,树立信心,振奋精神,最大限度地发挥他们的主体作用,把抗洪精神进一步转化为加快各县级供电企业发展的精神支柱和强大动力;三是要抓好李林森精神的学习宣传。李林森同志是在达州市这块热土上涌现出来的时代先锋,是达州人的骄傲。他以全心全意为人民服务的崇高精神和实际行动,诠释了中华民族的传统美德,展示了共产党员的先进性。加强李林森精神的学习和宣传,可引导电力企业干部职工像他那样真心实意地为人民群众办实事、做好事、解难事,做人民群众的知心人、贴心人、暖心人,像他那样讲政治、顾大局、守纪律,坚持按制度办事、按规矩办事,像他那样锐意进取,求真务实,努力创造一流的工作业绩,像他那样光明磊落、淡泊名利,始终保持高尚的精神追求。

2. 加强组织建设,增强党组织的政治引领力

火车跑得快,全靠车头带。推进县级供电企业党建工作,必须把加强党的组织建设放在突出位置。

(1)必须坚持党管干部原则,依靠党委把好用人关

县级供电企业的领导干部,无论是政工干部,还是行政、技术干部,都是党的干部,必须坚持党管干部的原则。让党委把好用人关,对企业的发展只有好处没有坏处。在干部选拔任用上,要坚持"五个原则",即干部"四化"方针和德才兼备原则,群众公认原则,注重实绩原则,平等竞争原则,民主集中制原则。要建立健全各县局中层干部的选拔任用办法,严格规定中层干部的任免程序,在基层所、变电站等相关职能部门要大胆任用一些年轻有为的青年骨干。

(2)必须建立一支党性强、作风正、工作好、肯奉献的干部队伍

在党委领导成员素质上,要求班子成员努力成为"一专多能"的复合型人才,掌握新知识,学会新本领,尤其是学会把党建工作紧密结合经济工作一道去做的本领;在党委领导班子成员结构上,要求适当增加党员行政领导人员,或者实行党委、行政领导交叉轮换;在党政主要领导的配备上,在条件具备(主要是干部素质)的情况下,局长(经理)和党委书记一人兼,大的局可配一名专职副书记。"一肩挑"的同志尤其要注意"两手抓",行使两种职权,承担两种责任;在党务工作机构设置和专职人员配备上,只要符合精干、高效和有利于党建工作与经济工作相结合的原则,就允许县局因地制宜、自主决定,不搞上下对口。要有计划地安排党务干部与经营管理人员轮岗交流,与相应层次经营管理人员同考核、同待遇、同奖惩,让党务干部有地位、有作为、有奔头。

党务干部要正确处理好"有为"和"有位"的关系，不断增强主观能动性，增强业务工作水平，做到观念上领先、工作上争先、作风上率先，发挥示范带动作用，开拓企业党建工作新局面。

（3）打破人才引进壁垒，适当引进一些非电力专业人才

电力企业自实行"三集五大"改革以来，强调人、财、物的集约化管理，政策上只允许引进有关电力方面的专业人才，且这些人大多要求来自重点大学，这在一定程度上限制了非重点大学和非电力专业优秀人才的引进，形成了电力系统人才引进的自我封闭。纵观国际国内知名大中型企业，在人才引进方面几乎都坚持"五湖四海"的开放心态，不拘一格引进人才，这也是这些企业走向成功的关键因素。由于目前中国的电力行业仍然是垄断行业，还没有有效参与国际国内市场竞争，使得目前的进人政策还有其可行性，而一旦参与国际国内市场竞争，其弊端也会逐渐显露出来，并最终会制约企业的发展。从具体工作的要求来看，也确实需要一批非电力专业的人才，如文秘专业、经济管理类专业、党建专业、思想政治教育专业、财务管理专业、文体专业人才。在达州市各县级供电企业里，科班出身的这几类专业人才几乎断档。要实现党的建设科学化发展要求，增强思想政治教育的效果，需切实转变人才引进观念，以开放的心态吸纳各专业的优秀人才，唯有如此，才能推动电力企业持续健康发展。

（4）按照党章的要求，严格标准，切实做好新党员的发展和教育工作

据课题组调查了解，目前各县级供电企业30岁以下的年轻党员偏少，这种状况令人担忧。各县级供电企业要按照"坚持标准、保证质量、改善结构、慎重发展"的"十六字方针"，有领导、有计划地进行。对于入党积极分子，党支部要指定1~2名正式党员做他们的培养联系人，并采取吸收他们听党课、参加党内有关活动、给他们分配一些负有责任的工作以及定期培训等方法，对他们进行培养和教育。党支部要对要求入党的积极分子进行马克思列宁主义、毛泽东思想、中国特色社会主义理论体系的教育，党的基本路线和党的基本知识的教育，党的优良传统和作风的教育，使他们懂得党的性质、纲领、指导思想、宗旨、任务、组织原则和纪律，懂得党员的义务和权利，帮助他们端正入党的动机，确立为共产主义事业奋斗终生的信念。经过一定期限的考察，党支部应当把其列为发展对象，条件成熟后，应当及时发展其为党员。

3.加强作风建设，增强党组织的人心凝聚力

县级供电企业党组织的作风建设，核心问题是密切党组织同群众的血肉联系。这里包含以下两层含义。

（1）密切企业内部党组织同职工群众的联系

任何企业的发展，都需要集中群众智慧，同群众一道找出路。企业内部凡是涉及职工切身利益的重大改革措施，一定要同广大职工商量，绝不能少数人决定就办。特别是当前正在推进的"三集五大"体系改革，是国网公司进行体制机制创新的一项重大措施，利益关系的重新调整和思想冲击前所未有，部分干部群众有顾虑，担心改革影响自己的切身利益，对此，党组织要做好宣传和说服工作。要依靠职工推进技术进步，加强企业管理。对企业的老同志、老职工，特别是离退休人员，要有历史唯物主义的观点，看到他们为企业发展做过的重要贡献。尊重和关心他们，就是尊重企业的历史，就是关心企业的发展。只有密切企业党组织和职工的联系，企业才能拧成一股绳，上下团结一心，同舟共济，企业才能形成强大的凝聚力。

（2）密切供电企业与人民群众的关系

供电企业是窗口行业，过去人们常称为"电老虎"，言下之意是得罪不起的。供电企业要改变在老百姓心中的这种印象，就必须发扬密切联系群众的作风，真心实意为群众排忧解难。一是要继续深入实施"95598光明服务工程"，贯彻落实国家电网公司新发布的《供电服务"十项承诺"》《员工服务"十个不准"》和《调度交易服务"十项措施"》。把学习贯彻新"三个十条"作为"95598光明服务工程"的重要内容；二是要深入实施"新农村、新电力、新服务"农电发展战略，结合当前农村电气化及创建非地震灾区灾后重建示范区的建设，大力加强农村电网规划、设计与建设，不断提升农村电网安全运行水平，以不断满足人民生活用电需求，全力保障农业生产、农民生活和农村发展用电，积极支农惠农。继续扎实开展"传递真情，电（点）亮文明""组织帮村、党员帮户""党员服务进农家""志愿行动到乡村"等扶贫帮困活动，将实事办好、好事做实，让农民零距离感受国家电网真情为民的优质服务，实实在在体会到国企党组织的温暖；三是强化服务监督，提升精益服务品质。要加强对供电服务的实时监控、动态管理和持续改进，全面提升服务质量、服务效率和群众满意度。充分利用营业窗口视频监控系统，监控服务工作运转和服务标准执行情况，实现供电服务全业务、全过程集中监督，不断提升服务质量；四是继续深入开展以"亮身份、亮职责、亮承诺，比技能、比作风、比贡献，无违章、无违纪、无事故"为内容的"三亮三比三无"活动。要以党员责任区、党员示范岗、党员先锋岗等形式，亮出岗位职责。通过"三亮"，接受群众监督。开展业务技能培训、岗位练兵、技术比武，不断提升业务技能，夯实优质服务基础，激励员工立足本职、践行承诺、岗位建功。要在强化服务意识上下功夫，规范服务行为上严要求,改进服务作风上争优秀,增强服务能力上出实招,提高服务品质上见成效,创"为民服务满意窗口"。

4. 加强制度建设,增强党组织的制度保障力

现行的县级供电企业实行的是局长负责制,这是由企业的特点和中心工作决定的。但这并不是不要党委的领导,不需要发挥党委的政治核心作用。二者要有效发挥作用,共同服务于企业的改革发展稳定大局,就需要用制度来规范二者的职责,明确分工,各司其职,否则在企业内部容易出现"两张皮"现象。行政领导在企业生产经营中具有决策权,这是其履行职责的需要,但不是由个人说了算。在企业重大问题决策上,需要依靠党组织把关定向,用集体的智慧来补充个人的局限。为了保证党委能及时、有效地参与企业决策,需制定企业党组织参与重大问题决策制度。

(1) 建立保障机制,为党组织参与决策创造条件

结合县级供电企业实际,需建立"三会一报告"制度,即党委书记参加行政办公会,支委领导、工会成员参加重要生产会,局长和党委书记日常工作碰头会,局长定期向党委报告工作制度。

(2) 规定党组织参与决策的范围

主要内容包括:企业经营方针、长远规划和年度计划、重大投资、利润分配、工资调整方案的制定、中层领导干部的任免和奖惩、人员编制的制定、职能部门的设置和调整、重要规章制度的制定等。

(3) 明确决策程序

① 行政主要领导提前向党委报告重大问题;② 党委针对决策议题开展调研,及时召开党委会议或党委扩大会研究提出意见;③ 党委书记或党委成员参加讨论发表意见,要体现党委意图;④ 决策出台后,党委要加强协调,保证决策顺利实施;⑤ 企业生产经营中少数情况紧急,需立即决断的重要问题,行政主要领导可以临时处置,但事后必须及时向党委通报或者通过电话沟通并达成一致意见。在决策中,认真执行这些制度,凡属企业的重大问题,都应认真听取党委的意见。

除了制定企业党组织参与重大问题决策制度外,还必须形成对县级供电企业工作的科学评价考核体系。对于县级供电企业党的建设工作,现实中有些地方明显存在把重要性、必要性都停留在文件上和口头上的情况,就是人们常说的讲起来重要,做起来不要。其重要原因就在于,一些领导认为生产是硬指标,党建是软指标。而形成这种认识也是因为我们的供电企业工作评价考核体系本

身还不够科学,没有能够真正对企业党的建设和精神文明建设等方面的工作形成硬约束。这就需要在健全完善供电企业工作评价考核体系方面下功夫,把做好企业党的建设工作作为考核的指标之一,把加强企业党的建设从软要求变成硬约束。

5. 加强反腐倡廉建设,增强党组织的自我净化力

对于县级供电企业而言,党风正则干群和,干群和则企业稳,要把党风廉政建设放在更加突出的位置,增强党组织的自我净化力。要坚持标本兼治、综合治理、惩防并举、注重预防的方针,扎实推进惩治和预防腐败体系建设,在坚决惩治腐败的同时,更加注重治本,更加注重预防,更加注重制度建设;严格执行党风廉政建设责任制,加强企业廉政文化建设,形成拒腐防变教育长效机制、反腐倡廉制度体系、权力运行监督机制;加强干部廉洁自律工作,提高党员干部拒腐防变能力;坚决纠正损害群众利益的不正之风,切实解决群众反映的强烈问题。基层供电企业干部职工要深入到群众、深入到村社,倾听群众意见,改进供电企业的工作。

四、结语

对于县级供电企业来讲,企业的最佳状态是内部和谐、凝聚力强,外部得到社会信任,影响力大。这两点恰恰是党的工作的优势。县级供电企业党建工作的最高境界就是把党建工作与企业的发展融为一体,成为企业发展的助推力。而党建工作其实就是做人的工作。做好了人的工作,凝聚了人心,凝聚了共识,鼓舞了士气,促进了企业的发展,党的工作自然就会成为企业发展不可或缺的组成部分。从这个意义上说,企业党建也是一种生产力,而且是最具发展潜力的生产力。只有从这一角度去认识,县级供电企业党组织才能发挥其应有的作用。我们坚信,只要我们以高度的政治责任感和使命感去加强县级供电企业党组织建设,推动企业持续快速发展,电力企业才有光明的未来,才能造福680万老区人民,才能为达州市"实现科学发展,建设幸福达州"贡献我们的力量。

基层国有企业改革转型过程中的关键：抓好党建工作
——基于对川东某县级供电企业带来的思考

胡锦涛同志在党的十八大报告中指出："新形势下，党面临长期的、复杂的、严峻的执政考验、改革开放考验、市场经济考验和外部环境考验，精神懈怠危险、能力不足危险、脱离群众危险、消极腐败危险更加尖锐地摆在全党面前。"当前党情、国情、世情的深刻变化要求我们以改革创新精神全面推进党的建设伟大工程，为全面建设小康社会，实现伟大中国梦提供强大的精神支撑。电力行业是关系国计民生的重要产业，对经济社会发展将产生重大而深远的影响。县级供电企业是电力行业的基层单位，承担着绝大多数电力行业生产经营任务，抓好企业党建工作对于推动县级供电企业的改革发展无疑具有积极意义。

一、党建与县级供电企业的改革发展

国有企业支撑着我国国民经济命脉，也是我国社会主义市场经济的重要特征。而在现实情况中，国有企业往往因为关注生产经营而忽略自身内在的党建工作。加强国有企业自身的党建工作不仅是由国有企业性质决定的，同时也能为其生产经营提供内在动力，有效促进其功能的发挥。

随着电力行业的整合和国家电网的建设发展，县级供电企业迎来了新的改革发展转型时期，各地方电力公司纷纷转型成为国家供电企业。这种转型不仅是企业自身内部结构的有效整合，更是企业同社会其他行业外部联系、同上级国有企业单位联系的转变。而其中的关键环节则是党建工作的加强。"国家电网"的标志不仅使一个电力企业由以前的地方电力纳入国家电网的系统整合中来，同时带来一系列经营管理理念、规范化的生产经营操作方法以及有效的组织内部协调，而其中最为重要的则是党组织建设的强化。

二、改革发展过程中的川东某县级供电企业党建情况

A 公司是位于在四川东部的一个供电公司，近年来，随着公司改革转型，

它由以前的一个小小的地方供电企业转变为四川省电力公司控股并委托国网达州市供电公司统一管理的国家电网全资企业，现有员工437人，其中党员150人；公司设有8个部室1个调控专业管理中心，共有10个供电所、4座小水电站、5座35 kV变电站，拥有1个全资子公司和1个集体企业。目前，A公司担负着33个乡镇329个行政村近50万人口和工业配套园区等近30家大宗工业客户的供电任务，供电面积1075.4平方公里。在发展转型过程中，该公司党建工作起到了核心作用。

（一）健全党委行政领导机制，党政齐抓共管

在转型以前，该公司内部管理存在缺失，党政职能不分，不能进行有效协调，使得有时出现"党政都想管"或"党管政不管""党政都不管"等现象。改革转型以后，公司领导按照国家电网公司规范要求，实行党政领导交叉任职，即公司党委书记兼任公司副总经理，公司总经理兼任公司党委副书记，确保党政分开的同时又保证了党委的领导作用，使得公司党政领导明确职权的同时又得以有效协调。同时，二者之间还能形成互相监督制约。公司党委书记或总经理任意一方的想法都必须征求另一方的意见，防止轻率决策，这彰显了党的民主集中制。这种党政并举的领导机制使公司党建工作与生产经营活动在领导机制上得到了有效保障，使公司各项事务得到党政齐抓共管。

（二）设立专职党务工作部门，搞好机关党建工作

机关党建是党的基层组织建设的关键环节。在纳入"国家电网"范围后，A公司适应国家电网系统组织结构的要求，对口上级供电企业设立了专门负责党务工作的思想政治工作部，由一个专门机构负责企业内的党务工作、思想政治工作，这使得公司本部及下属单位的机关党建工作得到了有效开展。同时，近年来，随着公司的发展和党建工作的要求，该部门负责专职党建工作的人员已经由以前的2人扩展为5人，并且在各下属供电企业还设立了专职干事。这个部门负责党员发展、培训、党组织活动、思想政治教育等日常活动的开展，并且协调同其他部门、上级单位的党务工作，确保党建工作的扎实开展。

（三）结合公司生产经营实际扎实开展党建

1. 将党建融入班组标准化建设

A公司在改革过程中按照标准化建设要求，积极开展基层站所标准化创建

工作,将党建工作融入两个供电所标准化建设过程中。A 公司党委及时跟进,大力开展"星级班组"、标准化站所创建活动。从明晰岗位职责、梳理工作流程、完善考评体系、深化专业管理等方面全面开展创建工作。目前全公司成功建成由上级电业局命名的"四星级班组"7 个、通过四川省电力公司"五星级班组"验收 1 个。同时积极开展标准化站所创建工作。按照省电力公司标准化供电所的标准,结合工作实际,扎实开展供电所硬件和软件建设,现已成功建成市级"标准化供电所"4 个。此外,还积极开展学习型团队创建活动。2011 年至今,该公司先后成功创建市级"卓越学习型团队"1 个、"优秀学习型团队"2 个。同时,积极开展标准化党支部创建,规范和强化党支部的工作,有效发挥作用,将支部建成坚强的战斗堡垒,同时与党员身边"三无活动"相结合,让党员亮身份,保持和发挥模范带头作用。

2. 把党建落实在迎峰度夏等重点工作中

在每年高温酷暑时段,公司供区内(尤其是城区)负荷持续增长,安全稳定供电压力巨大。A 公司根据用电户主需要,及时布置开展隐患排查及线路设备架设改造,全力确保迎峰度夏期间供电工程的安全可靠。公司送电工区党支部先后将创先争优与工作相结合,在城区 10 kV 杨城 V 回线路抢建和 35 kV 梯石、梯堡线建设及接入石梯变电站工程中,号召党员以实际行动向建党 90 周年献礼、践行"十八大"精神,战烈日、冒酷暑,全力保障迎峰度夏工程顺利进行。

3. 将党建融入历次抗险救灾中

在急难险重任务面前能否经受考验,是衡量一个企业党建是否有成效的试金石。近年来,面对供区内频发的重特大自然灾害,特别是在 2010 年"7.18 洪灾"、2011 年"9.18 洪灾"和 2012 年"8.20 风灾"抢险复电中,A 公司党委发挥坚强领导作用,举全公司之力,克服各种严峻考验,迅速组织,高效抢险,用最短的时间完成抢修复电,为地方政府和各类客户抢险救灾及灾后恢复重建提供坚强的电力保障,展现了企业及员工队伍的整体素质和实力,履行了企业的社会责任。

三、党建工作在该公司改革转型中的现实作用

(一)以党建加强信念支持、精神保障

面对当前党的建设面临的"四大考验"和"四大危险",A 公司注重从思想

建设入手，以建设学习型党组织为抓手，强化干部职工的理想信念教育。一是坚持和完善党委中心组学习制度。做到集中学习与个人自学相结合，提高领导干部用科学理论指导和推动企业发展的能力和水平。在中心组学习中与省级企业资源共享，精选学习内容，改善和创新学习方式；二是狠抓员工的政治学习。A公司以深入学习宣传党的十八大精神为重点，抓好党和国家重大会议精神、重要方针政策以及公司重要决策部署的学习贯彻。拓展广大员工政治学习的深度和广度，通过举办学习班、报告会、讲座等多种形式，进一步提升干部员工思想政治素质；三是以团队建设为载体，以争创学习型党组织、学习型企业团队、明星站所、星级服务窗口等为导向，把理论武装和思想政治教育深入到广大员工中。同时，公司党委、各党支部与广大党员签订"身边三无"活动责任书，增强广大党员干部的责任感和使命感。

（二）以党建促进企业文化建设

一个优秀的企业必然积淀了本企业的优秀文化。中国国家电网公司是世界500强企业，A公司在改革转型以后成为它的一部分，同时也要接受其文化熏陶和改造，而党建工作在这个改造过程中扮演着十分重要的角色。该公司在党建工作过程中以党建促进公司企业文化建设，结合党建深入开展企业文化"五统一"（统一价值理念、发展战略、企业标准、行为标准、公司品牌）主题实践活动。建立企业文化宣传走廊、展板，并通过建立手机短信知识平台和LED显示屏传播企业文化及核心知识、宣传重点工作。在工作中抓好企业文化载体，围绕"安全年"活动、"95598光明服务工程"、电网建设、非地震灾区灾后重建示范工程等重点工作，进一步扩大"国家电网"品牌的社会影响力。在企业文化建设中，A公司善于利用重大庆典或节日开展丰富多彩的文化活动，如举办"我身边的共产党员"演讲比赛以及唱红歌节目晚会等，丰富职工的文化生活。

（三）以党建转变公司服务理念，努力践行党的群众路线

中国共产党的历史是党和人民群众逐步建立和深化血肉联系、形成和完善群众路线的历史。密切联系群众是我党的政治优势。当前，全党正在广泛开展党的群众路线教育实践活动，供电企业是服务国计民生的重要部门，同样需要把人民利益放在第一位，这就要求供电企业必须加强党建工作，以优良党风凝聚企业力量，为供电提供高效、优质的服务。

A公司各级党组织紧紧围绕供电重点工作目标，大力推进服务职能转变，全面实行服务承诺、首问负责、限时办结等制度，强化"优质、方便、规范、

真诚"的服务意识，不断完善优质服务常态机制，不断提高工作效能，切实转变工作作风。首先，积极开展民主评议行风活动，公司向社会聘请行风监督员，每年定期召开行风监督大会，对人民群众关心的供电需求和供电方式，广泛征集意见和建议；其次，公司党委进行公开承诺，根据企业自身工作实际，组织党政干部、党员进行公开承诺，接受民众监督；再次，对公司党委负责人和班子成员开展党员干部民主评议活动，对不同岗位党员结合其工作情况进行针对性点评，促进整改和激励，激发创先争优、踏实工作的内在动力。同时，实行双向述职和群众评议，班子成员向电业局党委和公司党员进行述职，党员也向党组织和群众进行述职；最后，实行定点联系。党委班子领导成员结合民主生活会、班组建设等工作分片在站、所及各部门建立创先争优工作联系点，定期或不定期深入一线基层，指导联系点创新工作，作风效能得到提升，党风廉政建设也取得实效。

李林森先进事迹的表现及产生原因分析

人物生平

李林森，四川宣汉人。1989年9月—1991年9月，西南师范大学政教系政教专业学习；1994年1月—1999年7月，宣汉县人民检察院工作（其间：1997年5月至1998年5月下派任宣汉县五宝乡九村党支部书记，1998年5月任宣汉县人民检察院起诉科副科长；1994年9月至1996年12月参加四川省委第二党校法律本科函授学习毕业）；1999年7月—2002年7月，宣汉县三河乡党委副书记、乡长；2002年7月—2004年2月，宣汉县东林乡党委书记；2004年2月—2004年10月，宣汉县五宝镇党委书记；2004年10月—2006年2月，宣汉县人民政府副县长、宣汉县五宝镇党委书记；2006年2月—2006年11月，四川省万源市委常委、副市长；2006年11月，万源市委常委、组织部部长；2011年7月31日，因病去世。

2011年9月，时任中央政治局常委的习近平同志在会见李林森先进事迹报告团成员时指出："李林森同志是新时期基层组织部长的优秀代表，是组工干部'讲党性、重品行、做表率'的楷模，是创先争优活动中涌现出来的典范。"2011年7月，当他的生命定格于42岁的时候，成千上万的人为此悲恸。当他的事迹广为传播之后，千千万万的人为他的事迹而感动。杂文家余杰说过，这是一个眼泪几乎不为他人而流的时代。为什么他的事迹让这么多的人感动、流泪？为什么当今时代涌现出他这样的典型？听了李林森先进事迹报告会，查阅了关于他的大量的通讯报道，笔者以为，他以全心全意为人民服务的崇高精神和实际行动，诠释了中华民族的传统美德，进一步弘扬了雷锋精神，展示了共产党员的先进性和基层干部的优良品格，是当代共产党人的一面旗帜，是我们学习的光辉典范。

一、李林森先进事迹的具体表现

（一）李林森先进事迹表现为为党的事业鞠躬尽瘁、对党忠诚的政治品格

李林森是一面旗，共产党人的一面旗，基层干部的一面旗。哪里有困难，这面旗就插到哪里；旗插到哪里，哪里的工作就有大起色。一阵子这样做，很多人可以；一辈子这样做，必须有一种信仰来支撑。这种信仰就是对党的事业的无限忠诚，鞠躬尽瘁、死而后已。据《人民日报》记者的有关报道，早在宣汉县教师进修学校任教时，他就郑重地向组织递交了入党申请书。作为李林森的入党介绍人，时任进修学校党支部副书记的陈立楚清楚地记得，从 1991 年到 1994 年，李林森多次递交入党申请书，信念坚定，从不气馁。校党支部召开入党群众评议会，李林森全票通过，他也成为学校 3 年间发展的唯一一个年轻党员。一个共产党员的忠诚，不独表现在平时，更需要关键时刻的迸发，当组织需要有人教法学概论新课时，思想政治课教师李林森二话不说从头学起；当组织号召年轻人去落后村下派时，检察官李林森毫不犹豫地带头报名；当遭遇百年不遇的大洪水，组织提出"一个都不能死伤"时，乡镇党委书记李林森冒死倾命救助；当组织要求干群自救抗特大洪灾时，组织部部长李林森抱病坚持募集善款……李林森对党的忠诚，从成为共产党员那一天起，就已经化作血管里奔涌的热血，把工作当命，把事业当命，把命令当命，"关键时刻豁得出来"。

（二）李林森先进事迹表现为把人民群众当亲人、为民尽责的公仆情怀

李林森经常说："我们都是从老百姓中来的,群众就是我们的衣食父母。""当干部的只有'孝敬'父母的义务，没有'欺负'父母的权力。"无论岗位怎样变化，职务如何提升，他总是把自己放得很低很低，把老百姓看得比天高。正是这种对百姓的浓浓感情，当他摸到老党员李国元薄、烂、湿的被盖，就会情不自禁地满脸淌泪；当他回老家见到乡邻廖远凡，还是如儿时般亲热地叫一声"廖叔叔"；当洪水袭来时，他"翻过百道墙，越过千户窗，衣服不知被扯破多少口子，身上不知被划出多少血痕，更记不清往返跑了多少趟……先后 9 次把鞋脱给逃命的灾民"，被老百姓称为不折不扣的"救命书记"；谁来办公室，他都亲手泡上一杯茶，走时一定坚持送到楼梯口……"他做的这一切，绝对不是装出来的、不是在作秀，你跟他交流，有一种如坐春风的感觉。"万源市沙滩镇栀子园村党支部书记程志明说，李林森的言行从来都是表里如一，自然而然。正得益于此，

李林森在急难险重的危急关头，总能够换位思考，以心换心、以情动情，赢得群众的理解和认同，把矛盾化解在萌芽，把问题处理在基层。

（三）李林森先进事迹表现为坚持党的组织原则、公道正派的职业操守

李林森常说："组织部是个渡人的梯！就是要树立重基层重边远的用人导向！""贫困山区，都不容易，风气搞坏了，谁还干事？""以德才选干部、凭实绩用干部、靠公论定取舍！""重品行、重实绩、重基层、重公认！"万源市的干部，在不同场合都聆听过李林森的"布道"。但触动神经的，是王承兴"土鸡变凤凰"的实例。王承兴原是万源市最偏远最艰苦的紫溪乡党委书记，2009年年末被组织上调进城任森林公安局局长，连他自己都没有想到自己会进城并当上局主要领导干部。"其他资格老、功劳大的党委书记都没安排得这么好，他王承兴凭啥子进城，还当'一把手'？"有人反对。李林森一改平日的温和，肃然反问："在全市最艰苦的乡一干就是15年，谁能坚持？在一个偏远乡当了7年乡长、8年书记不提任何要求，谁能做到？""就是要鲜明重基层、重边远的用人导向！"李林森任组织部部长5年，18名优秀乡镇党委书记受到提拔重用，11名长期坚守边远高寒山乡的党委书记被交流回市级部门，18名家庭困难、需要照顾的基层干部进了机关。反过来，对组工干部徐某的"冷落"，则让干部看到李林森的另一面。乡镇人事调整，在市委组织部工作的徐某被提名推荐为乡镇党委书记人选。大家都以为他"近水楼台先得月"，结果却被调至"八大高寒山区乡"之一的堰塘乡。徐某当然想不通。"组织部的干部用在哪里，大家都关注。把你放得偏，条件是差了点，但锻炼也大。"李林森找他推心置腹地长谈，"你有能力，好好干，用成绩证明自己，也为组织部争个光……"一席话，入情入理，心霾也就散了。徐某愉快地奔赴新岗位，很快就打开了局面，更理解了李林森的良苦用心。

（四）李林森先进事迹表现为勇于开拓创新、奋发有为的进取精神

万源市，这个曾经的川陕革命根据地核心区，至今仍是国定贫困县市。贫穷与落后，不仅刺痛着60万老区人"摘穷帽"的渴盼，也迟滞了老区基层党组织建设的步子。"小县也要争一流、穷县更需大作为。"刚一上任，李林森便下决心"有所改变"。翻山越岭，一路颠簸。花了两个多月，李林森跑遍全市52个乡镇的村村寨寨。干部有何长短，发展瓶颈在哪，心里有了底。"一些村级班子受家族势力、宗派势力等影响，作用发挥有限；同时，很多能人在外，上级组织又很难发现新的优秀人才……"李林森把脉问诊，梳理成因。精心设计、反复论证，李林森逐渐聚焦"发扬民主"这个"法宝"——"四评村干部"应运而生。所谓"四评"，就是让想干事的人先"自我荐评"，村民们再"集体相评"，提出村干部参选标准，推荐自己心目中的满意人选。经"组织考评"后，参选者须在全村老少面前发表"施政演讲""公开竞评"，由村民差额票决，选出最满意的村干部后备人选。"四评"一出，气象一新。万源市内新当选的村党支部书记平均年龄36岁，比上届一下子低了19岁，文化程度大幅提升。这一"草根民主"模式从根本上解决了以往村级换届中的贿选、拉票和家族、宗派势力介入等问题。更让李林森没想到的是，这堂生动的党内基层民主"实践课"还被高层首肯，推广至全省、全国……

针对干部日常监管中"法规条例管不着、规章制度管不了、领导干部管不到"的问题，李林森也进行了破题，出台了"机关事业单位工作人员不良操行档案"。这个特殊的档案厉害之处在于，倘若干部出现无故迟到早退、不孝敬父母、开会打瞌睡等不端小节，将被记录在案，并跟干部考核、交流、表彰、使用等直接挂钩。小节也能影响个人发展！这在四川又开先河。"利刃"高悬，失德干部心存忌惮，干部身上的一些歪风，一去不返。2007年，针对万源市人才匮乏的问题，李林森实施了"千名大学生进万源"计划，他亲自带队到四川其他城市、重庆等地高校，宣讲特殊政策，卖力"推销"万源市。只要大学生有意愿，多累他都亲自谈。一"仗"打下来，当年投奔万源的大学生高达800多人，还批量引进了十几名研究生，引才总数相当于万源过去8年的总和，大大缓解了高层次人才短缺的窘境。定期履职巡查，掌握领导干部履职、班子运行情况和后备干部情况；"五议"社区班子，破解社区干部不作为、乱作为……经过李林森这一把把"创新之火"持续加温，万源市在全国、全省组织工作满意度调查中，连续3年各项指标稳居第一方阵。

（五）李林森先进事迹表现为严格要求自己、清正廉洁的优秀品德

在不少人眼里，组织部部长，位高权重，是个"香饽饽"，但李林森没有进行"权力寻租"，而是严格要求自己，严格要求干部，严格要求亲人。李林森的大妹妹一直在宣汉县汽车站干临时工，很想让"位高权重"的哥哥打个招呼转正。"好歹咱还在城里上班，条件比农村强多了。"哥哥非但不开口，反倒劝她"知足常乐"。同样，妻子向琪三叔的儿子中专毕业，也想"投奔"他。在三叔眼里，组织部部长是个"了不起的大官"，可李林森一句"符合条件，就凭本事考吧"的答复，让他倍感失望。最后，堂弟出门打工。不是没"机会"寻租，

组织部部长有权——可以向常委会行使干部推荐权。可这个"权",李林森不用。一位在偏远山区乡干了5年的党委副书记,业绩很突出,多次获万源市优秀党务工作者和优秀共产党员,但因长期顾不上家,妻子一直闹,孩子中考也不理想。2009年,得知万源市要动干部,他觉得机会来了,借向李林森汇报工作之名送钱送物,希望"照顾"。"歪门邪道你少来!"李林森严词拒绝,严厉批评,"只要你干出实实在在的业绩,群众信任你,组织会考虑的!"他仍不死心。2010年春节,他特意跑到李林森宣汉老家去"拜年",结果连门都没让他进。就在他感到希望渺茫时,组织上突然宣布,他被提拔为另一个乡的乡长。新岗位上,他不负众望,工作出彩,不到一年,全乡农民人均纯收入同比净增789元。"林森部长是做人做事的榜样!"这回他信了:"只要踏踏实实干,就会受到群众尊重,就会得到组织认可!"

二、李林森先进事迹产生的思想渊源和社会基础

(一)李林森先进事迹的产生有深刻的思想渊源

李林森先进事迹的产生有其深刻的思想渊源,中华民族优良传统道德、巴山红军精神和社会主义道德构成了李林森先进事迹的思想渊源。李林森先进事迹是在社会主义现代化建设和改革开放新时期所形成的一种为党和国家的事业、为人民幸福而不懈奋斗的伟大的奉献精神,它既体现了中华民族几千年的优良传统道德,又继承和弘扬了巴山红军精神,同时结合新的时代要求,丰富了社会主义道德精神谱系。

作为中华民族的优秀分子,作为一名受党教育、培养多年的优秀组工干部,作为一名出生、成长、战斗于红色巴山的大巴山人,李林森吸取了中华民族优秀传统道德、巴山红军精神和社会主义道德,并自觉地身体力行。在一定意义上说,李林森先进事迹是中华民族优秀传统道德、巴山红军精神的延续与升华,是社会主义道德精神发展的一座里程碑。

1. 中华民族优秀传统道德是李林森先进事迹产生的重要思想渊源

中华民族五千多年的发展历程,形成了博大精深的优秀传统道德,比如,和为贵的观念、与人为善的观念、知恩图报的观念、敬业乐群的观念、克勤克俭的观念、精忠报国的观念、舍生取义的观念、天下为公的观念、忧国忧民的观念等,这些是我们民族的"根",是我们民族的"魂",是我们民族发展的精神动力。这优秀传统道德,不仅造就了大量传颂千古的民族英雄,也熏陶了一

批又一批优秀的中国共产党人，如雷锋、焦裕禄、孔繁森、王瑛等。毫无疑问，中国数千年"德治"传统所积淀的深厚的道德意识对李林森产生了深刻影响，通过他的所思所想、所作所为，中华优秀传统道德在他身上得到了淋漓尽致的体现。

2. 巴山红军精神和社会主义道德是李林森先进事迹产生的直接思想渊源

李林森出生在大巴山，工作在大巴山，这里是土地革命战争时期全国第二大苏区——川陕革命根据地的中心地带。从这里走出了威武雄壮的红四方面军，走出了王维舟、陈伯钧、张爱萍、魏传统、向守志等革命先辈；徐向前、李先念、许世友等曾在此浴血奋战；这里，曾经有32万巴山儿女参加红军，为中国革命献出宝贵生命的有14万之多。这里有数以万计的红军战斗遗址，有许许多多脍炙人口的红色经典故事。特别是在长期的革命斗争中所形成的"智勇坚定、排难创新、团结奋斗、不胜不休"的巴山红军精神，对生于斯、长于斯的李林森产生了潜移默化的影响，孕育了李林森同志勇于开拓、敢于创新的宝贵品质。可以说，执着坚韧、不胜不休是他最大的做事风格。毫无疑问，巴山红军精神成为李林森先进事迹的一个直接思想渊源。另外，李林森大学期间攻读思想政治教育专业，中国社会主义道德思想在他身上凝聚、升华，裹现为极其高尚的精神品质。第一，全心全意为人民服务是社会主义道德的核心，也是中国共产党的根本宗旨。李林森忠实地践行了这一宗旨。综观他的一生，无论是担任检察官、村干部，还是担任乡长、乡（镇）党委书记、副县长（副市长）、常委、组织部部长等职务，他始终做到"权为民所用，情为民所系，利为民所谋"；第二，集体主义的道德原则造就了李林森大公无私的奉献精神。在他看来，集体利益至高无上，一个人应该竭尽全力为集体的利益而奋斗，只有集体的事业兴旺发达了，个人的前途和利益才有保障。

（二）李林森先进事迹的产生有坚实的社会基础

1. 清明政治的影响

李林森同志从乡村教师、基层干部成长为组织部部长，经历的是一个思想解放、社会发展、政治清明的时代，感受的是一个民族团结、社会和谐、百业兴旺的盛世。特别是进入21世纪以来，中国共产党高度重视自身建设，开展了"讲学习、讲政治、讲正气"活动、学习实践"三个代表"重要思想活动、保持共产党员先进性教育活动、学习实践科学发展观活动、社会主义荣辱观教育活动、创先争优活动等，这一系列活动，把握了新时期党的建设的关键点，密切了党同人民群众的联系。处于这样的时代，作为一个有着崇高信仰的共产党人，李林森把自己看得很轻，把党的事业看得很重。正因为如此，在他身上，对党忠诚的信念才那样坚定；在他心里，爱民为民的情怀才那样深厚；在他眼中，群众的事情才那样重要。所以，面对洪灾，他能够毫不犹豫地冲锋在前，舍生忘死；面对重建，他能够毫不退缩地鏖战一线，不眠不休；面对孤贫，他能够毫不吝啬地慷慨解囊，帮扶探望；面对生死，他能够毫不怯懦地选择坚守，生命不息，战斗不止。

2. 组织工作文化的熏陶

组织部门历来是锻炼党性和人格的大"熔炉"。近年来，中央组织部持续开展了"讲党性、重品行、做表率"活动和"组织部长下基层"活动，推进了组织部门自身建设，形成了"围绕中心、服务大局，追求卓越、勇争一流，严谨细致、甘为人梯"为重要内容的组工文化。一次次主题鲜明的集中教育，一拨拨内容具体的作风整顿，一场场紧贴基层的实践活动，升华了李林森的精神世界，让他树立了"公道正派、任人唯贤，改革创新、创先争优，一心为民、无私奉献，坚持原则、对党忠诚，从严律己、清正廉洁"的做人和为官的精神品质。可以说，公道正派、追求卓越是他最大的职业操守。他始终恪守"不让老实人吃亏，不让投机钻营者得利"的工作信条，创造性地确立了重品行、重实绩、重基层、重公认的用人导向；他始终坚持"习惯优秀、追求卓越"的工作理念，创造性提出了"六个一"自身建设规范，带出了一支思想过硬的组工队伍；他始终牢记"按原则办事、按制度办事"的工作要求，义正词严地抵制了上门勾兑者，态度坚决地拒绝了亲友说情。

3. 淳朴民风的浸染。

川东多山，民风淳朴。但淳朴中蕴含着智慧，厚道中饱含着大爱。李林森同志生在巴山，长在巴山，长期与老百姓打交道，乡风民俗、个性品质浑然天成、水乳交融。可以说，勤劳朴实、大爱无私是他最大的为人禀性。对他来讲，不需要做作，不需要硬压，有难必然要帮，有险必然要上。面对名利考验、金钱诱惑，他质朴地说出"人生的价值，不在于官大官小、钱多钱少，要看自己为别人做多少事"的心里话；面对洪水袭击、生死抉择，他义无反顾地架着门板船挨家挨户搜救群众；面对困难群众、贫困学生，他大爱无私，倾力资助，即使生命垂危，还嘱咐妻子把自己获得的 5 000 元的表彰款送给帮扶户。而他自己，却东拼西凑，靠借钱来筹集手术费。

（三）李林森先进事迹的产生有良好的家庭教育和内在的自身条件

1. 良好家风的教育

李林森的父亲李德明原是一名小学民办教师，后成为小学校长，在教育战线兢兢业业工作了47年，曾获得四川省"百佳校长"等诸多荣誉。他的母亲是一位心地善良、勤俭持家的农村妇女。在父亲李德明的记忆里，"在林森小的时候，我就和他妈妈一直嘱咐他，要埋头学习，踏实做事、和善待人，做一个有用的人、好品行的人"。每次在表彰会上的发言或研讨会上的论文，父亲都会特意把儿子叫到身边读给他听。父母的身教重于言教，对李林森产生了潜移默化的影响。少成若天性，习惯如自然。可以说，勤奋坚韧、朴实善良、开朗乐观、感恩奋进是他最大的性格特质。在他身上，折射出的是敦伦尽份、勤勉俭朴、睦邻友爱的家风；在他心中，屹立着的是父母修身立范、宽厚仁爱、秉性高洁的形象。良好的家风，培育了他严谨细致的作风、勤勉务实的政风、刚正不阿的党风，赋予了他对事业的真诚，对群众的真心，对家人的真爱。

2. 自我历练的升华

生命的意义在于过程。面对生死，并不是每一个人都能够谈笑自如、淡定坦然。对生命超乎常人的珍惜尊重，对生活超乎常人的豁达乐观，没有深入深刻的自我历练，没有至真至诚的人格修为是难以达到的。可以说，尊重生命、豁达乐观是他最大的人格魅力。对李林森同志而言，尊重生命，不是消极悲观，而是把握生命的从容；敬畏自然，不是恐惧害怕，而是顺乎自然、超然物外的淡定；珍惜时间，不是停歇等待，而是抢抓人生的每分每秒，即使重病缠身，仍把工作当命；珍爱生活，不是流连徘徊，而是始终积极进取，尽可能地给予他人关爱关怀。健康生活、快乐工作，是他留给家人、同事、朋友永恒的祝愿……回望他的历程，他的生命因从容淡定而绽放如花。

三、李林森先进事迹是党和国家事业发展的强大精神动力

（一）学习、弘扬李林森先进事迹，是推动中国特色社会主义伟大事业健康发展的需要

建设中国特色社会主义是全国人民的共同理想，是当前中国最大的政治目标。改革开放以来，我们坚定不移地走中国特色社会主义道路，综合国力和人民生活水平有了显著提高，中国的GDP总量已达到世界第二位，人均国民生产

总值已超过 8 000 美元。但是，我们要清醒地认识到，国际国内形势的深刻变化对我们推进中国特色社会主义伟大事业健康发展提出了新的要求。就国际形势来看，虽然和平与发展仍然是当今世界的主题，但霸权主义和强权政治仍有新的表现，恐怖主义危害上升，一些地区的冲突和争端时起时伏，世界还很不安宁；以美国为首的西方国家从没放弃对中国实施"西化""分化"的图谋，随着中国的崛起，防范和围堵中国的意图更加明显。另一方面，就国内形势来讲，尽管中国改革开放取得了丰硕成果，人民生活总体达到小康水平，但改革处于攻坚阶段，发展处于关键时期，"多样化"的趋势更加明显，发展中国特色社会主义事业面临巨大的挑战和风险。在这种情况下推动中国特色社会主义实现又好又快发展，需要树立李林森为学习的榜样，充分调动广大干部群众的积极性、主动性、创造性，最大限度地凝聚各方面的智慧和力量，形成开拓创新、攻坚克难的强大合力。

（二）学习、弘扬李林森先进事迹，是建设社会主义核心价值体系的需要

建设社会主义核心价值体系，是加强社会主义思想文化建设的一项重大战略任务。李林森先进事迹继承了中华民族传统美德和巴山红军精神，体现了社会主义核心价值体系的核心内在要求。随着世界多极化、经济全球化深入发展和全球思想文化交流交融交锋不断增强，意识形态领域的情况更加复杂；随着我国经济体制深刻变革、社会结构深刻变动、利益格局深刻调整，人们的思想观念深刻变化，社会意识日益多样化。在这种情况下推进社会主义核心价值体系建设，面对的困难很多，需要解决的问题很多。以李林森为榜样，学习、弘扬李林森先进事迹，有利于巩固马克思主义的指导地位，推进用中国特色社会主义共同理想凝聚力量，引导人们更加自觉地投身建设中国特色社会主义伟大事业中去；有利于用爱国主义为核心的民族精神和以改革创新为核心的时代精神鼓舞斗志，增强中华民族的凝聚力和全国人民的创造力；有利于用引领风尚，提高全社会的道德水平。

（三）学习、弘扬李林森先进事迹，是保持和发展党的先进性、深入开展"创先争优"活动的需要

先进性是马克思主义政党的根本特征，也是马克思主义政党的生命所系、力量所在。中国共产党在 90 余年的奋斗历程中，正是由于始终保持和不断发展先进性，才赢得了广大人民群众的拥护和支持，从而不断发展壮大，成为中国

革命、建设和改革事业的坚强领导核心。党的先进性不是一劳永逸、一成不变的，过去先进不等于现在先进，现在先进不等于将来先进，因此，保持和发展党的先进性是一个永恒课题。胡锦涛指出："提高党的领导水平和执政水平、提高拒腐防变和抵御风险能力，加强党的执政能力建设和先进性建设，面临许多前所未有的新情况新问题新挑战。执政考验、改革开放考验、市场经济考验、外部环境考验是长期的、复杂的、严峻的。精神懈怠的危险，能力不足的危险，脱离群众的危险，消极腐败的危险，更加尖锐地摆在全党面前，落实党要管党、从严治党的任务比以往任何时候都更为繁重、更为紧迫。"针对当前的形势，中央提出深入开展创先争优活动、建设马克思主义学习型政党任务，一个重要的目的就是进一步弘扬党的优良传统，更好地保持和发扬党的先进性。李林森作为中国共产党在创先争优活动中涌现出来的先进典型，是保持党的先进性、发挥党员先锋模范作用的表率。在新的形势下，以李林森为榜样，学习、弘扬李林森先进事迹，有利于激励各级党组织和广大党员学先进、赶先进、争先进，以实际行动保持和发展党的先进性，以良好形象赢得人民群众的信任和拥护，从而使中国共产党始终走在时代前列，始终成为中国特色社会主义事业的坚强领导核心。

　　当前，我们要把"两学一做"学习教育与学习李林森先进事迹结合起来。每一个共产党人，都应把李林森作为自己做人、做事的一面镜子，像他那样坚定理想信念，矢志拼搏奋斗；像他那样真心实意地为人民群众办实事、做好事、解难事，做人民群众的知心人、贴心人、暖心人；像他那样讲政治、顾大局、守纪律，坚持按制度办事、按规矩办事；像他那样锐意进取，求真务实，努力创造一流的工作业绩；像他那样光明磊落、淡泊名利，始终保持高尚的精神追求。不断完善自己，严格要求自己，努力使自己成为一个道德高尚的人。

第四篇　高等教育篇

高校深化中国梦宣传教育活动的意义和途径研究

——以四川文理学院为例

  2012年11月29日,习近平总书记在国家博物馆参观"复兴之路"展览时指出,中华民族近代以后遭受了深重的苦难,实现中华民族伟大复兴,就是中华民族近代以来最伟大的梦想。中国梦凝聚和寄托了几代中国人的夙愿,体现了中华民族和中国人民的整体利益,是中华儿女的共同期盼。习近平号召全党全国人民付出长期艰苦的努力,把中华民族伟大复兴的美好蓝图变成国强民富的生动现实。在十二届人大一次会议闭幕式上,习近平总书记进一步指出,实现中华民族伟大复兴的中国梦,就是要实现国家富强、民族振兴、人民幸福,既深深体现了今天中国人的理想,也深深反映了我们先人们不懈追求进步的光荣传统。他再次号召全党全国人民继续为实现中华民族伟大复兴的中国梦付出辛勤的劳动和艰苦的努力。

  2013年4月8日,中共中央政治局常委刘云山强调把中国梦宣传教育活动不断引向深入,要在突出思想内涵、增强认知认同上下功夫,在把握实践要求、推动实际工作上下功夫,积聚团结奋进的正能量,激励人们在中国特色社会主义伟大实践中同心共筑中国梦。他强调,深化中国梦的宣传教育,要把学习中国梦理论的活动和实现中国梦的实践活动统一起来,同中国特色社会主义道路、理论、制度宣传教育结合起来,同社会主义核心价值体系建设结合起来。刘云山的讲话为深化中国梦宣传教育活动的深入开展指明了方向。

一、深刻认识深化"中国梦"宣传教育的重要意义

  马克思说过,理论一经掌握群众,就会变成物质力量。中国梦的实现需要中国人民的共同信念和共同行动。全体中华儿女的共同实践是中国梦美梦成真的根本保证。中国当前正处在全面建成小康社会的关键时期,毋庸讳言,我们在前进的道路上还面临着不少困难和问题,对此,党的十八大报告做出了清醒的判断,指出中国发展中不平衡、不协调、不可持续问题依然突出,深化改革开放和转变经济发展方式任务艰巨;城乡区域发展差距和居民收入分配差距依

然较大；社会矛盾明显增多，教育、就业、社会保障、医疗、住房、生态环境、食品药品安全、安全生产、社会治安、执法司法等关系群众切身利益的问题较多，部分群众生活比较困难；一些领域存在道德失范、诚信缺失现象；一些干部领导科学发展能力不强，一些基层党组织软弱涣散，少数党员干部理想信念动摇、宗旨意识淡薄，形式主义、官僚主义问题突出，奢侈浪费现象严重；一些领域消极腐败现象易发多发，反腐败斗争形势依然严峻，等等。这些困难和问题的存在表明，任何骄傲自满、安于现状、无所作为的思想和行为都是非常错误和有害的，都不利于伟大中国梦的实现。

深化中国梦的宣传教育，有利于克服消极无为的懒散情绪和自私自利的狭隘心理，集聚起团结奋进的正能量，凝聚成全面建成小康社会、实现中华民族伟大复兴的强大力量。有目标才有动力，全体人民的共同目标才能把全体人民的力量凝聚成强大的合力。在现实生活中，人们处在不同的环境，从事不同的工作，有各自不同的利益及对许多事物各自不同的见解和感受，相互意见分歧甚至利益冲突都是存在的。在发展社会主义市场经济的条件下，人们之间的利益关系体现出更多的竞争性和复杂性，如果人们的视野局限于这些局部的对立，没有对共同利益的认识和追求，就可能在工作和交往中相互猜忌、防范、牵制甚至攻击，整个社会就不能实现利益最大化，社会的发展就会困难重重，就会因各种矛盾内耗而丧失大好发展机遇。近现代中国历史深刻表明，中国社会分裂内斗，中国就混乱贫困，被外敌欺侮；一旦中国人民团结一致，中国社会就稳定有序，就能在极端困难的条件下战胜强大的敌人，产生令人刮目相看的巨大力量。中华人民共和国成立不久，中国人民参加抗美援朝战争取得伟大胜利的历史就充分说明了这一点。实现中华民族伟大复兴的中国梦，造福于全体中国人民，必将超越各种偏见、私心和内耗，理顺各种利益关系，化解各种复杂矛盾，建立最大共识，在全体中华儿女的层次上形成大团结。中国人民万众一心共同追梦，就能抓住有利时机，使我国综合国力、人民生活水平、国际影响力上升到新的台阶，这无疑能极大地增强民族凝聚力，从而战胜国内外各种风险和挑战。

深化中国梦的宣传教育就是要使广大干部群众加深对中国梦的了解，明确自己在实现中国梦伟大实践中的地位角色，自觉地把自己的个人行动和国家民族兴盛发展的伟大进程统一起来，为自己的人生增光添彩，为民族伟业贡献自己的力量。在社会生活中，单独的个人，无论其地位角色及能力，其力量都是有限的。但无数个自身力量有限的个体展开协同行动，就会产生比单个个体力量简单相加的总和更大的合力。在实现中国梦的过程中，每一个中国人奉献出自己的力量，履行好自己的职责，中国梦的实现就有了可靠的保障。当今的中国人民，正是中华民族伟大复兴光辉历史的书写者。

深化中国梦宣传教育活动，要结合实际唱好"三部曲"，即开展"解梦""筑梦""圆梦"行动，这三项行动也就是认识中国梦、设计中国梦、实现中国梦这三个阶段。"解梦"即认识中国梦，就是要准确把握中国梦的历史逻辑、实现目标、基本条件、本质属性、根本保障及重大意义，在全社会范围内统一思想认识，纠正错误观念，增强认知认同，提高理论自觉；"筑梦"即设计中国梦，就是在实现中华民族伟大复兴这个总目标下，结合各个时期、各个地方、各个方面的实际情况，制定出科学合理的"路线图"，明确各方面力量各自的目标和责任；"圆梦"即实现中国梦，就是在中国共产党的统一领导下，坚持全国一盘棋，各民族、各地方、各方面既统筹协调，又各负其责，履行各自的使命，保证中华民族伟大复兴宏伟目标的顺利实现。

深化中国梦宣传教育活动，是实现中国梦的重要前提和条件。高校是人才聚集之地，承担着创新知识、传承文明、培养人才、服务社会的重要职责，在高校深化中国梦的宣传教育，有利于积聚团结奋进的正能量，引导广大师生坚定理想信念，构筑精神支柱，积极投身实现中国梦的生动实践，努力实现青春梦、教育梦，从而凝聚全面建成小康社会、实现中华民族伟大复兴的强大力量。为使中国梦宣传教育主题活动取得实效，各高校都投入了必要的人力财力物力和时间资源，积累了相当多的经验，并取得了可喜的成果。四川文理学院在中国梦宣传教育主题活动中，认真贯彻省委提出的"实现伟大中国梦、建设美丽繁荣和谐四川"主题教育活动的会议精神，紧密联系芦山"4.20强烈地震"抗震救灾、灾后重建和师生思想实际，弘扬抗震救灾精神，铸造四川精神、树立四川形象、凝聚四川力量，系统性地开展解梦、筑梦、圆梦活动，采取多种方式把中国梦宣传教育活动引向深入。

二、四川文理学院开展"中国梦"主题教育活动的做法

1. 开展"解梦"行动，提升理论认同

"解梦"即认识中国梦，就是要准确把握中国梦的历史逻辑、实现目标、基本条件、本质属性、根本保障及重大意义，在全校统一思想认识，纠正错误观念，增强认知认同，提高理论自觉。为了让全校师生认识中国梦，引导师生深入思考如何实现强校梦、育人梦和成才梦，学校举办了一系列主题宣讲活动。学校先后邀请了中共达州市委书记焦伟侠和四川省委党校彭穗宁教授来校宣讲中国梦。同时，利用党委中心组学习、教职工政治学习、党员组织生活等时间，

学校党委成员和专家教授共举行了9场中国梦主题宣讲活动。学校还以思想政治理论课为平台,把中国梦的学习教育渗透到各门课程的教育教学中。学校还加大主题教育活动宣传力度,在主页网开辟"中国梦"专题网站,在学校红色网站转发刊登25篇权威理论文章,在学校主页网刊载主题教育活动新闻信息35条;校报、校广播站、宣传橱窗、黑板报开辟了"中国梦"学习专栏;校园LED不间断地滚动播出有关"中国梦"的宣传标语;同时,积极做好对外宣传,在各级媒体刊载学校工作动态30余条,通过以上措施,实现了中国梦主题学习教育的全覆盖。

2. 开展"筑梦"行动,放飞强校梦想

"筑梦"即设计强校梦,就是在实现中华民族伟大复兴这个总目标下,结合学校、教职工和学生的实际,制定出科学合理的"路线图",明确各自要实现的目标和责任。学校结合教育部本科教学合格评估,明确提出了把学校建成服务地方经济社会发展的教学应用型本科院校的目标,并举行了"撤系建院·托举强校梦"的动员大会。在教师中广泛开展"教学名师上示范课、骨干教师上观摩课、青年教师上优质课"的教学技能比赛,推动教师实现育人梦想。在学生中开展一系列校园文化活动,引导青年学生把个人梦与国家梦、民族梦、强校梦结合起来。在主题教育活动期间,学校先后举办了"唱响青春志·共圆中国梦"第十七届校园歌手大赛、"中国梦·四川梦·我的梦"演讲大赛、"同筑复兴路,共圆中国梦"文艺展演、"我的梦·中国梦"征文比赛、"最美中国"主题摄影和微电影大赛、"梦圆文理"毕业生先进事迹报告会。与此同时,各二级学院党总支也纷纷开展"寄语青春·我的中国梦"等各具特色的校园文化活动。通过这些活动,抒发各自对未来、对学校、对民族、对国家的情怀,放飞青春梦想和强校梦想。

3. 开展"圆梦"行动,夯实强校根基

"圆梦"即实现强校梦,就是在学校党委的统一领导下,坚持全校一盘棋,各部门、各二级学院以及干部、教职工、学生既统筹协调,又各负其责,履行各自使命,确保学校"强校梦"的顺利实现。学校根据教育部本科教学合格评估专家组的意见,制订出本科教学工作合格评估整改措施,不断加大教学经费投入,加强院系整合和专业结构调整,加强干部队伍交流轮岗力度,继续实施师资队伍"双培"工程,加强产学研合作,不断完善教学质量保障体系。在学校狠抓教学质量的同时,各二级学院还精心组织学生开展社会实践活动,启动"梦想中国"大学生志愿者行动计划,引导广大学生深入一线,开展参与式观察和服务式体验。据统计,在中国梦主题教育活动期间,学校有10 000余名学生深入城市社区、农村乡村以及生产劳动第一线，感受国情、民情和社情，感悟由千万个"中国梦"组成的民族梦、时代梦，培养学生"行为精英、心系平民"的平民情怀和社会责任感。

三、四川文理学院开展"中国梦"主题教育活动的成效

1. 凝聚共识增强动力，精神成果内化于心

在主题教育活动中，全校上下凝聚起"建设新型本科院校，实现强校梦"的强大力量，筑牢了实现"强校梦"的思想基础。通过活动的开展，切实把全校师生员工的思想和行动统一到学校党委的重大决策部署上来，有力增强了师生员工实现"强校梦"的信心；同时还营造了"团结和谐、维护稳定"的良好环境，目前学校风清气正，广大干部群众心往一处想，劲往一处使，自觉维护稳定和谐局面，共同致力于实现"中国梦""强校梦"的伟大征程。

2. 推动工作促进发展，实践成果外化于行

通过主题教育活动，切实把各方面的积极性调动起来，学校干事创业的良好局面已经形成。学校教学质量不断提升，顺利通过教育部本科教学工作合格评估；科研成果日益丰硕，产学研合作不断深化；学生参加全国、全省各类竞赛捷报频传。在主题教育活动期间，四川文理学院学生在四川省2013年大学生运动会上，摘得8枚金牌、4枚银牌、6枚铜牌，取得金牌总数第二、女子团体总分第一、男子团体总分第二的佳绩。在2013届毕业生中，有918人光荣加入中国共产党，28人被评为省级优秀大学毕业生，400多人获得国家奖学金，近100人考上硕士研究生、选调生和公务员，毕业生初次就业率达到85%。

四、四川文理学院开展"中国梦"主题教育活动的经验

1. 坚持领导带头、全员参与是确保主题教育活动取得实效的前提

活动中，学校充分发挥各级党员领导干部的示范作用，组织、发动和引导全体师生员工积极主动参与，形成了无死角、全覆盖的良好态势。

2. 坚持围绕中心、服务大局，是确保主题教育活动取得实效的关键

教学工作是学校的中心工作。活动中，学校把主题活动开展与本科教学合格评估整改工作结合起来，坚持系统谋划、协调推进，真正做到了主题活动与

教学工作"两手抓、两不误、两促进"。同时，主题活动与其他各项工作在目标要求上呼应，在工作举措上协调，形成"在开展活动中推动工作，在推动工作中深化活动"的良性互动，实现了活动效益最大化。

3. 坚持贴近师生、创新载体，是确保主题教育活动取得实效的动力

活动中，学校注重发挥群众首创精神，把"中国梦"与学校的强校梦、教职工的育人梦、学生的成才梦有机结合起来，通过师生喜闻乐见的方式，把抽象的理论变为听得进、记得住的通俗道理，有效增强了活动的感染力和吸引力。

4. 坚持解决问题、常态长效，是确保主题教育活动取得实效的保障

活动中，学校通过广泛开展学习宣传、讨论交流，引导各党总支、直属党支部和广大党员定目标、亮承诺、找差距、添措施，内化于心、外化于行，固化形成精神、制度、实践"三大成果"，得到了广大师生的真心支持，同时顺利实现了学校各项发展目标。

美国高等教育的特点及对地方本科院校的启示

美国作为最发达的国家,建立了完整的高等教育体系,形成了独具特色的高等教育特点。美国高等教育的体系构建对地方本科院校实现转型发展具有重要启示作用。

2015年10月17日至1月21日,笔者有幸参加了由教育部、李兆基基金会和香港培华教育基金会主办,由国家教育行政学院承办的千名中西部大学校长海外研修计划,并先后参加了在国家教育行政学院举办的预培训和在美国弗吉尼亚大学、天普大学为期两周的专题研修,参观了宾夕法尼亚大学、乔治·华盛顿大学、乔治·梅森大学、玛丽·华盛顿大学和北弗吉尼亚社区学院;先后参观访问了中国驻纽约总领事馆和中国驻美大使馆,并与中国驻美教育参赞进行了座谈交流。20天的学习、交流和访问,使自己开阔了眼界、增长了见识、受到了启示,也对美国高等教育有了初步了解。

一、美国高等教育的基本特点

1. 建立较为完整的高等教育体系

作为世界上最发达的资本主义国家,美国不仅拥有不少全球顶尖大学,而且建立了完整的高等教育体系。据有关资料显示,美国有2 100多所颁发学士、硕士和博士学位的四年制大学,两年制的社区学院则多达1 400多所。在世界排名前100所大学中,美国占了一半;前20名中,美国占17所。哈佛大学、耶鲁大学、普林斯顿大学、麻省理工学院、斯坦福大学、加州理工学院,在每次的全美或世界大学排名中大都能跻身前10名;超过80%的美国诺贝尔奖得主都曾在这六大名校之一学习或工作过。另外美国还有专注于本科人才培养的文理学院以及专注于平民教育普及的社区大学。美国有高度发达的教育,为其确保在全球的领先地位提供了持续不断的人才支持。

美国高校从性质上可分为公立院校和私立院校。公立院校是指由联邦政府、州政府和地方政府资助建立的学校;私立院校则是由个人及私人团体(如教会或企业等）资助建立的学校。从规模和层次上可划分为综合性大学、四年制学院、两年制学院。

2. 建立分权自治的管理体制

美国的大学和学院高度自治，这种自治是由高度分权的高等教育管理体制作保障的。高度分权的管理体制主要体现在三个层面：政府对高等教育的宏观调控，"高校法人—董事会"的内部决策以及中介组织的监督。三权相辅相成，在管理中相互制衡，共同维护着高等教育发展的健康环境。美国大学这种治理结构，有利于在政府、高校及中介组织三者之间寻求权力制衡，在确保高校拥有学术自由的同时更好地实现其功能。在高等教育的宏观调控上，联邦一级政府主要负责联邦项目、促进教育公平、搜集提供信息服务等，在高等教育管理上是没有实权的广泛领导；州政府主要通过立法、财政、规划、评估等手段对公立高校施加影响与控制。"法人—董事会"制度是美国大学自治制度的重要特征，学术法人与外行董事会的结合有利于克服各自的不足，提供一种行之有效的制度安排，构成美国大学治理的基本结构。中介组织的主要目的是缓和政府与高校之间的矛盾，充当"减压阀"的作用，可以代表学校向政府施压，从而影响政府的政策，又可以担负执行政府决策的责任，帮助学校完成政府下达的任务。

在美国大学治理结构中，大学的决策权主要由作为法人的机关的董事会执掌。由于大学董事会成员大多是非专业的校外社会人士，他们并非深谙大学的学术事务，于是董事会通过授权或默许，将学术事务的决策交由以教授为主体的学术评议会负责，评议会由此成为实际上的最高学术决策机构。大学校长作为董事会的代理人，既是大学的首席行政长官，又通常兼任学术评议会主席。他们对外代表学校及其价值，对内领导大学的日常运作，其主要任务是执行董事会以及评议会的相关决议，从而确保大学各项政策目标的实现，是美国大学中最具影响力的人物。

3. 实现较为严格的质量监控

为了保证美国高等教育的整体质量，美国教育部门不直接参与管理和认可任何大学，而是通过认证制度授权那些非政府、非营利的认证机构来间接实现美国高等教育质量的监控。美国高等教育质量监控体系具有如下特点：① 遵循自主、自愿的原则。在美国高等教育认证制度中，认证的参与动机首先来自高校，是否参与认证、找哪家认证机构均取决于高校自身，政府不强制要求高校参与认证。② 倡导大学自治、学术自由的理念。美国政府不直接参与高等教育认证，高等教育机构能有更多的自由空间。认证采取的主要方法是自我评估与同行评审相结合、书面评估与实地评估相结合。高等教育认证制度是高等院校自主性的集中体现，同时也是维护大学自治、学术自由的一种有效机制。③坚持实证、细化的工作方法。美国的高等教育质量保障体系非常重视事实和信息的收集与整理，并强调在此基础上对学校或专业质量做出评判。在认证中，高校要针对认证标准提交相应的事实依据。④注重质量保障体系的不断完善。认证机构每隔一定时间需要修订认证政策和标准，以适应内外部环境的变化。认证程序的周期性能够避免高校在取得认证资格后的松懈倾向，从而实现高校的可持续发展。⑤强调舆论在认证中的作用。从认证标准的制定、过程的操作，到结果的判定都要求有一定数量的公众代表参与。

4. 建立以学生为中心的人才培养模式

美国大学教育重视培养人才的创造性，重视通才教育，坚持一个"中心"，三个"结合"。即以学生为中心，课内与课外相结合，科学与人文相结合，教学与研究相结合，逐渐形成了独具特色的创新人才培养模式。具体表现在：重视本科教学，教师聘用、晋升、终身教职和工资都和教学工作密切相关；实施能够给学生以充分学习自由的学分制，美国大学开设的课程面广量多，学生选择余地很大，可以各取所需，各得其所；鼓励学生参加多种社会实践活动，完成更多的课外作业；尊重每一位学生，鼓励在课堂上积极参与讨论，更鼓励学生的课外自主学习、锻炼和提高，在活动中激发创新精神，强化实践能力；学校注重创业教育，积极推动创业教育课程；无论在课堂内外，美国大学既重视科学教育，也重视人文教育，更重视二者的统一。学校不仅鼓励学生与教授联系和参与教授的研究课题，而且鼓励系和教授设计适合学生参与研究的课题。本科生有机会参与大学的研究、站在新知识的前沿，是美国一流大学在本科教育方面最明显的优势。

5. 实行刚柔并济的教师聘任与管理制度

美国教师聘任制是大学制度的重要内容，随着大学制度改革不断调整，美国教师聘任制具有以下特点。

（1）教师招聘工作具有自主性和开放性

州政府不对大学教师的选拔和聘用进行控制。当教师的岗位出现缺额时，大学可以自主面向全国甚至面向世界各国进行招聘、自主聘用，并自行确定教师的工资待遇。

（2）"终身教授"是教师聘用制度的创新

终身教授制度与大学自治、学术自由一起被视为美国高等教育的三块基石。

（3）教师聘用实行"非升即走"的政策

美国大学教师的设置分为讲师、助理教授、副教授和教授，处于终身序列的是副教授和教授。大学教师在聘期内或聘期结束之前，如果得不到晋升就要离校另谋他职。这种"非升即走"政策形成竞争和淘汰机制。

（4）教师聘用考核严格规范

美国聘任大学教师的标准一般为五个方面：① 教授能力；② 研究业绩以及其他独创性业绩；③ 在学会等专业领域的活动状况；④ 对大学及区域社会的贡献；⑤ 有无博士学位。大多数大学都明确要求，只有获得硕士研究生以上学历才有资格担任大学教师。任职条件相对比较苛刻，这确保了教师队伍的质量。对于终身教授职位的审定考核则更加严格，学校主要从教学、科研和服务三个方面来衡量。教师在拿到终身教授职位之前，至少有 5~7 年的助理教授考察期，通过考评小组的综合评定、全系教授的投票决定取舍，如果没有获得多数表决通过，不能继续任职。这就给年轻教师很大压力，促使他们努力工作。

6. 建立产学研相结合的运行机制

大学是美国科研的主要基地，承担了全国 60%以上的基础研究任务。美国在二战后半个世纪里诺贝尔奖获得者超过 120 人，其中 90%集中在大学里。为促使科研成果迅速转化为生产力，美国大学始终走产学研相结合的道路，具体做法主要有以下几方面。

（1）开展技术推广服务

如俄亥俄州立大学在全州 85 个县雇用了 260 个农业推广教育代理人，负责解决农民的有关农业技术、家政或销售等各种问题，极大地推动了俄亥俄州的农业发展。另外，美国大学创建了数百个技术推广服务中心，为企业提供咨询服务，促进知识的传播和转让。

（2）建立科学工业园

最成功的例子是"硅谷"。在硅谷的高技术公司的盈利上二亿美元，这些利益的取得绝大多数与斯坦福大学有联系。

（3）建立大学—企业联合研究中心

由企业提供资金，大学提供研究人员，大学与企业合作进行开发研究，从而有利于科研成果的直接转让。

（4）兴办合资企业，赢利由大学和企业共享。

7. 形成为社会服务的优良传统

为社会服务是美国高等教育生存和发展的基础，并成为优良传统。由于高校的经费多半来自社会捐助，大学的领导机构校董事会并不受政府领导，董事会成员来自社会各阶层名流与州政府官员和企业代表，这就保证了大学与社会的紧密联系。高校的服务方式主要有：一是顺应社会需求的变化及时调整教学内容与科研方向，造就社会急需的各层次专业人才，使各用人单位获得竞争优势与效益；二是与企业合作研究开发新项目新产品，使双方及社会均受益；三是为政府服务，承担国防科研，基础研究，或提供调查论证，为国家制订政策提供依据和新思维；四是举办成人教育，开展多种形式的长、短期培训，帮助社会、企业、职工及各级教师提高文化，更新知识。

二、美国高等教育对我国地方本科院校的启示

1. 地方本科院校一定要做好科学的顶层设计和发展规划

我们参观考察的几所美国大学，都有明确的顶层设计和发展规划。中国地方本科院校一定要结合地方发展需求和学校实际，精心谋划，科学设计，提出明确的发展目标和发展规划。比如，把地方本科院校建成为高水平大学还是合格的本科院校，这就是一个顶层设计的问题。有人认为，地方本科院校由于底子薄、师资队伍差、设施落后等，能够建成合格的本科院校就不错了，建不了高水平大学。这里既有思想观念和认识问题，也有发展理念的问题。高水平大学与学校层次无关，与人才培养质量和服务社会的能力有关。不能一谈到高水平大学就是指"211""985""双一流"高校，地方本科院校如果人才培养质量高、服务社会的能力强，也可以是高水平大学。比如北弗吉尼亚社区学院就较好解决了这两个问题，在美国的社区学院，它就是高水平的社区大学。

2. 地方本科院校一定要明确自己的办学定位和人才培养定位

美国大学比较注重这个问题。美国的综合性大学，在定位方面一般是定位于研究型大学；历史不久的四年制大学和两年制社区学院一般是定位教学型大学。在人才培养定位方面，往往利用自身优势（专业、地域等）进行定位。比如乔治·华盛顿大学利用其有利的地理位置（该校位于华盛顿特区，紧邻美国国会山庄、白宫以及世界银行和国际货币基金组织等机构），明确提出学校"为培养世界领袖"而服务，近200年来，该校走出了许许多多影响美国乃至世界历史的人物，毕业生遍布美国政界、军界、商界、教育界、体育界等，还被誉为"政治

家的摇篮"。我国的地方本科院校大多创建历史不长，办学经验不足，在大学定位和人才培养定位方面一定要结合自己实际，切勿好高骛远，超越自己的实际。

3. 地方本科院校一定要把提高教学质量作为人才培养的根本任务

大学的根本任务在于培养人，而培养人的主要途径是课堂内外的教育教学活动，因此，教学工作是学校的中心工作。美国大学建立了一套比较完善的质量监控体系，注重教师课堂质量的提高。学校积极鼓励教师改进教学方式，比如对采用翻转课堂或者跳跃课堂的老师，学校有一笔可观的经费支持；美国课堂教学往往比较活跃，师生互动频繁，而我们的教学活动比较死板，大多数是传统的"教师讲、学生听"的模式，教学效果不佳、质量不高，学生的创造性思维和批判性思维不强，很难适应激烈竞争的需要。目前也有一些教师尝试改进教学方式，如采取课堂讨论，但学生往往参与不积极。虽然我们也提出要坚持以教学为中心，把人才培养作为学校的根本任务，实际落实得并不好。

4. 地方本科院校一定要把建设一支高水平的师资队伍作为重中之重

为了确保高等教育的质量，美国大学都重视师资队伍建设。除了实行终身教授制度外，各大学都贯彻"非升即走"的政策，这给教师以很大的压力，促使他们努力教学、科研和进行社会服务。学校对任课教师的学位要求很高，四年制大学一般都要求具有博士学位，社区学院都要求具有硕士及以上学位。学校重视教师的学缘结构，强调教师来自五湖四海，如弗吉尼亚大学规定本校培养的博士一律不聘为本校教师，近年来加大了对国际教师的聘任力度。美国高校的教师管理和聘任制度，对中国地方本科院校有重要的参考价值。地方本科院校要办出特色，创建高水平大学，既要重视对教师的引进，更要重视对教师队伍的管理和培养，探索实行"非升即走"的可行性。地方本科院校要立足地方性和应用型，积极引导教师站好讲台，尤其是青年教师要练好教学基本功。在科研上要引导教师老老实实做学问，克服急功近利心态。

5. 地方本科院校一定要树立以学生为中心的工作理念

在美国，人本思想深入人心，平等观念和个性解放根深蒂固。因此，在美国大学，无论是课堂教学，还是建筑设施、校园绿化等，都体现了一切以学生为中心的理念，就连课桌、椅子等设计，都体现了以人为本的理念。学校重视对学生的品德教育，虽然没有专门的思想品德课程，但学校要求每门课程要对学生的思想品德教育进行渗透；同时加强制度建设，用法律和制度规范学生行为；注意发挥榜样的作用来引导学生关注国家和世界的未来。在校园里，到处都是步伐匆匆的学生，学生爱学习蔚然成风；无论教室，还是学生餐厅、图书馆、宿舍等，都是窗明几净、一尘不染。反观国内一些大学，虽然也提出"一切为了学生、为了学生一切"，但我们过分强调对学生的管理，忽视了对学生人性的尊重和个性的张扬。

6. 地方本科院校一定要做好产学研相结合，以良好的社会服务赢得政府和社会的认同

美国的四年制大学基本上都建立了产学研相结合的运行机制，学校与政府、企业联系紧密，为政府宏观决策和企业的技术创新提供了持续不断的智力和人才支持，也为学校经费筹措提供了保障。在美国大学，联邦政府和州政府对大学的直接拨款越来越少，而是通过技术创新和科研经费的形式对大学进行资助。大学的经费来源主要是学费收入和企业、校友、各种基金会的捐赠，捐赠的多少取决于大学对企业和社会的贡献。所以，美国大学注重社会服务的质量和水平。中国地方高校，特别是新建本科院校，由于科研实力有限，产学研往往脱节。因此，地方高校要形成产学研相结合的运行机制，在这一机制里，政府应起到连接学校与企业的桥梁作用，学校也应主动与企业对接，在实践中不断推进技术创新。地方院校只有做好社会服务工作，才能赢得政府和企业的大力支持，也才能获得社会的尊重。

瞄准应用：新建本科院校转型发展的必由之路

这里说的新建本科院校是指1999年高等教育扩招之后，为满足教育发展需要，由原来的有一定办学历史、办学规模的专科学校和职业院校通过合并、重组、升格而成的本科院校。据2013年全国教育事业发展统计公报显示，截至2013年底，全国共有普通高等学校共计2491所，含有292所独立学院。在2491所普通高校中，普通本科院校1170所。在普通本科院校中，既包括一些办学历史悠久的国家和省属重点建设的本科院校，又包括1999年后新建的本科院校。这些新建本科院校，占了中国普通本科高校总数的三分之一，是中国高校的主力军，已成为中国高等教育的重要组成部分。十余年来，这些新建本科院校为国家培养了大批人才，有力地推动了国家和地方经济社会的发展。

然而，面对高等教育发展的新形势和经济社会发展的新需求，高校学生就业难成为社会关注的焦点。资料显示，地方本科院校就业率低，专业对口率低，就业质量不高，2011年的初次就业率仅为75.8%，是三类高校（"985""211"高校，一般本科院校，高职院校）中最低的，特别是1999年以来新设的本科院校就业率更是不容乐观。面对一方面企业出现"用工荒"，另一方面是毕业生就业不畅的现状，不少人把矛头直指高等教育，尤其是叩问新建本科院校的办学定位和办学质量。为了扭转这一局面，当前，不少新建本科院校纷纷探索转型发展之路。

一、新建本科院校瞄准应用，实现转型发展的必要性

1. 新建本科院校瞄准应用，实现转型发展是经济发展方式转变和产业结构转型升级的客观需要

当前，中国面临经济发展方式的快速转变和产业结构的深度调整，这是中国经济社会发展的一场深刻变革。在实体经济迅猛发展的大背景下，社会对人才需求的规模、质量、结构等方面均发生了新的变化，特别是行业企业加大了对应用技术型人才的需求。信息化和工业化深度融合，现代化装备加速替代传统生产工具，需要培养具备新知识、应用新技术，掌握新装备的应用技术型人

才；文化创意和设计产业迅猛发展，小微企业成为经济活力的重要源泉，需要兼有创业能力、创意能力和动手能力的技术技能人才；企业基础管理能力的提升，产品、技术、工艺和流程的应用性创新，需要复合型、创新型、管理型人才；高技能高附加值制造成为高精尖设备和高档消费品竞争力的重要基础，需要能掌握现代科学技术、接受系统技能训练的应用技术型人才。这一切都需要高等教育提供强有力的人才支撑，这是国家赋予地方本科院校的历史使命。

2. 新建本科院校瞄准应用、实现转型发展是高等教育自身发展，尤其是完善现代职业教育体系的需要

当前，随着中国高等教育管理体制不断完善，地方政府发展高等教育的积极性有了极大提高，新建本科院校的数量和规模不断提升，但其所承担的服务地方经济社会发展的使命却不尽人意。如何确认自身与所在区域之间的发展关系，如何以自身的发展带动区域的发展，如何履行作为地方高校的社会使命等问题都是新建高校在发展过程中必须要思考和面对的。然而，在实际过程中，不少新建本科院校对自身的发展定位不太科学。有的一开始就把自身定位为综合性大学，有的定位为教学研究型大学，有的定位为教学型大学，有的定位教学应用型大学。很少有新建本科院校将自身定位为职业应用技术院校。据麦肯锡全球研究院发布的报告显示，到2020年，中国的用人单位将需要1.42亿受过训练的高技能人才，如果劳动者的技能不能进一步提升，中国将面临2 400万的人才供应缺口。新建本科院校应适应国民经济各行业对掌握新技术、具备高技能的新型专业人才的迫切需求，加快向应用技术型职业院校转变。这种转变，有利于完善中国现代职业教育体系。从目前来看，中国的职业教育体系是不完整、不完善的。从纵向的办学层次看，高职上面"断头"，只有专科无本科；从横向的办学关系看，普教职教缺少交融，各自为政。引导新建本科院校向应用技术职业院校转变，一方面打通职业教育的内部上升渠道，另一方面也在高等教育本科层次建立了普教和职教沟通的桥梁。因此，新建本科院校实现转型，是中国高等教育类型结构和培养层次结构分离的结果，也是建立现代职业教育体系的迫切需要。

3. 新建本科院校瞄准应用，实现转型发展也是自身生存发展，走内涵发展的需要

在中国现行高等教育体系中，研究型大学和高职（专科）院校的定位相对明确，而地方普通高校作为夹心层，定位常有"高不成，低不就"的困惑，尤以地方新建本科院校为典型。正是由于自身定位不准确，新建本科院校在发展

中出了不少问题。由于缺乏本科教育办学的历史积淀，缺少服务地方经济社会发展的专业积累、师资积累、硬件积累以及技术积累，在办学定位、师资队伍、专业设置、教学设施、科研水平等方面都存在自身难以解决的问题，其结果：一是趋同化现象明显。新建本科院校尤其是同类型的院校，在办学理念、培养目标、办学模式、专业设置等方面几乎相似，缺乏对学校特色优势的准确认识；二是封闭性特征显著。新建本科院校在发展过程中由于本科专业较少，办学经费短缺，大多具有"快上专业、多招学生"的冲动，当下哪个专业热上哪个，别人办什么我就办什么，办学思路封闭，缺乏对区域内经济社会发展需求的评估，缺乏科学合理的人才需求结构和层次的评估。虽然也有不少新建本科院校与地方政府、企事业单位签署了合作办学协议，但这些协议少有落实；三是短视性行为普遍。新建本科院校存在的一系列问题主要是一种短视性思维所造成。学校主要考虑的是眼前的利益，当前的回报，体现在资金分配、资源的利用、人才的引进等方面缺乏长远规划。比如，一些学校为迎合评估而集中大量购置图书，导致图书结构和质量的不合理，造成图书资源的浪费，而在评估前和评估后在图书购置上的投入又极为有限。人才引进方面也是如此，各高校普遍存在评估之前大量引进高学历、高职称的人才，以提高学校的学历和职称结构，而在引进过程中往往饥不择食，忽视了学校学科、专业发展的实际需求，虽然引进了人才，却是人才闲置与人才缺乏并存，这无论是对学校的发展还是对个体价值的实现都是一定程度的损失。新建本科院校要克服上述问题，必须实现自身转型，走内涵发展、特色办学之路。

二、国家关于新建本科院校瞄准应用，实现转型发展的政策

依据国家经济发展形势、高等教育自身发展形势以及新建本科院校自身存在的问题，促使政府和社会对中国高等教育结构进行反思，成为中国高等教育分类管理和结构调整的外在动因。《国家中长期教育改革和发展规划纲要（2010—2020年）》提出，要建立现代职业教育体系，优化高等教育结构，实行高校分类管理。2012年党的十八大报告明确指出，要全面实施素质教育，深化教育综合领域综合改革，着力提高教育质量，培养学生社会责任感、创新精神、实践能力；要加快发展现代职业教育，推动高等教育走内涵发展的道路。2013年党的十八届三中全会进一步指出，加快现代职业教育体系建设，深化产教融合、校企合作，培养高素质劳动者和技能型人才。在2014年的全国教育工作会议上，教育部部长袁贵仁指出，不断调整优化教育结构，是适应经济社会发展、推动

经济转型升级的要求；强调加快形成适应经济社会发展需求、校企紧密合作、产教深度融合、中高职衔接、普职沟通，体现终身教育理念，构建具有中国特色、世界水平的现代职业教育体系。在2014年的全国职业教育工作会议上，教育部副部长鲁昕指出，要探索发展本科职业教育，明确转型目标方向，并提出了2014年要加快地方本科学校转型发展步伐，主要体现在推动省级政府制定省级试点实施方案，确定试点范围，落实招生计划、财政拨款等支持政策措施；在省级试点的基础上，遴选若干具有引领示范作用的试点高校纳入国家教育综合改革试点范围；抓紧研究制定应用技术类型高校设置标准、专业标准、教师标准、办学条件标准、评估标准等，形成具有中国特色的应用技术类型高校标准体系，为高等教育分类管理奠定基础。2014年5月《国务院关于加快发展现代职业教育的决定》（国发〔2014〕19号）明确指出，要"采取试点推动、示范引领等方式，引导一批普通本科高等学校向应用技术类型高等学校转型，重点举办本科职业教育"。这些论述为新建本科院校瞄准应用，实现转型发展提供了政策依据。

按照党的十八大和十八届三中全会的部署，中国高教领域又一重大改革正酝酿出炉——加快构建以就业为导向的现代职业教育体系，建立学分积累和转换制度，打通从中职、专科、本科到研究生的上升通道，引导一批普通本科高校向应用技术型高校转型。

2013年11月，应用技术大学（学院）联盟地方高校转型发展研究中心发布了《地方本科院校转型发展实践与政策研究报告》，该报告由中国教育科学研究院孙诚研究员等组成的课题组承担，历时近一年。该报告分析了我国地方本科院校存在的问题，介绍了欧美国家高等教育和结构调整的启示，指出中国地方本科院校转型发展已势在必行，并对地方本科院校的转型发展提出了政策建议。该报告明确指出，中国地方本科院校应实现由学科学术型人才培养为主向应用技术型人才的培养转变，实现学术性专业人才教育向职业性专业人才教育的转变，学校在办学方向上适时转型应用技术大学。应用技术大学重在培养应用技术型人才，服务地方经济发展，以学习者职业发展为核心，接受社会评价。其主要特征是：学校办学与地方经济发展对接；专业设置与地方主导产业对接；人才培养目标与行业需求对接；人才培养规格与工作岗位要求对接；企业参与制定人才培养方案，强化技术理论、注重技术应用、突出实践教学；人才培养过程体现校企合作、工学交替；科学研究是以解决生产实际问题的应用技术研究为主。

该报告从国家和政府的层面对地方高校转型发展提供了八个方面的建议，一是确立应用技术大学在中国高等教育体系中的地位；二是加强对地方本科院校转型发展的政策引导和宏观指导；三是建立科学、规范的分类评估制度；四是加大对应用技术大学的经费投入；五是建立现代大学制度，落实高校办学自主权；六是各级政府为行业企业参与合作育人提供法律、法规和机制保障；七是在国家框架下开展应用技术大学国际合作；八是加强应用技术型人才培养的理论研究。应该说，该研究报告对在打造中国经济升级版、高等教育大众化背景下探索建设中国特色的应用技术类型高校、推动高等教育分类管理具有重要的理论和实践价值，对新建本科院校实现转型发展具有积极的指导意义。

三、四川文理学院在探索创建应用型本科院校方面的思考与实践

面对国家经济社会发展形势和对应用型人才的需求，倒逼新建本科院校必须实现转型。出于对国家经济社会发展的责任和自身生存发展的忧虑，一些新建本科院校的有识之士们不再"陶醉"于升本的成功，而是积极探索新建本科院校转型发展之路。

（一）对新型本科院校转型发展的思考

1. 要进一步解放思想、转变观念，切实提高对转型发展的认识

观念是行动的先导。新建本科院校要切实转变过去贪大求洋，追求"大而全"的思维定式，要深刻认识国家经济发展方式和产业结构的深刻调整对高等教育的新挑战，要深刻认识高等教育的大发展对自身的新要求，要深刻认识培养的人才质量能否适应社会的新需要，增强责任感和使命感。

2. 新建本科院校要实现转型发展，须切实抓好校级领导班子和中层干部队伍建设

领导干部的政治素质、业务能力、思维素质以及科学发展执行力对能否实现转型发展至关重要。对校领导而言，其基本职责一是把方向、抓机遇，多谋善断，做好学校的顶层设计；二是组织好人才队伍，强力推进，全力攻坚克难。这就要求他们要有眼光、有胆量、有魄力、有魅力。对学校的中层干部而言，其基本要求一是明事理，敢提议，有执行力，注重贯彻落实；二是承上启下，上下联动，能负责，敢担当，会办事；三是有头脑，会调研，有干劲，有办法，善于将学校党委、行政的决定与本部门的实际结合起来，创造性地贯彻落实。

3. 新建本科院校要实现转型发展，需要全校各部门和全体教职工明确自身的"应用技术型大学"的发展定位和奋斗目标，并根据这一发展定位和奋斗目标，求真务实、真抓实干，切实建立注重应用的工作机制和育人创新路径。

现以四川文理学院为例。学校位于革命老区达州市，是于2006年2月经教育部批准、在原达县师范高等专科学校基础上独立升格的省属本科院校。升本以来，广大教职工发扬"艰难困苦、玉汝于成"的办学精神，克服各种困难，励精图治，甘于清贫，奋力拼搏，使学校的办学条件逐步改善，办学质量稳步提高。2010年四川文理学院被四川省政府学位委员会增列为学士学位授予单位。2012年顺利通过教育部本科教学合格评估。升本以来，四川文理学院以应用型本科建设为主线，定位明确，思路清晰，坚持地方性、多科性、应用性，注重抓好干部、教师、员工三支队伍建设，紧扣观念转变、管理规范和质量保障三个环节，突出顶层设计、经费投入、产学研用、地方服务四个重点，在创建应用型本科院校方面做出了积极努力。

近期，四川文理学院初步提出转型探索的"路径支点"，具体来说，就是要实施两个"一、二、三、四、五、六"转型发展思路。两个"一"指的是"一个目标"和"一个中心"，即学校要始终坚持育人成才为本这个目标，牢牢把握教学这个中心任务。两个"二"指的是"两个重点"和"两个环节"，即紧紧抓住课堂教学和实践教学这两个重点，尤其要增加实践教学在教学时间安排中的比重；在课堂教学中要改变对学生知识的"满堂灌"，重视引导探讨环节和实践实训环节在教学中运用，激发学生的求知欲。两个"三"指的是"三个面向"和"三个瞄准"，学校要坚持面向现代化、面向世界、面向未来，瞄准基层、企业、市场。两个"四"指的是"四个关注"和"四个重视"，学校要始终关注产业需要、学科发展需要、应用需要、成果转化需要，要始终重视良好的校风、教风、学风、作风的养成。两个"五"指的是"五个培训"和"五个平台"，学校要始终抓好对骨干师资队伍、干部队伍、科研队伍、教辅员工队伍、"双师型"教师队伍的建设，尤其要及时联合有丰富实践经验和较高技能的工程技术人员担任应用型人才教学培训任务；要重视课堂、实训场、科技园、社团、名师课堂、网络这五大平台建设。两个"六"指的是"六个支点"和"六个优势"，学校要根据地方经济社会发展和市场需要，力争在清洁能源、特色药材、物联网技术、智能机械、城镇化建设、应用艺术设计等六个方面形成转型发展的支点，并在特色艺术品牌、教师教育、地方智库、社会治理创新服务、工业设计、乡土文化及城乡规划等六个方面形成自身的优势。

（二）对新型本科院校转型发展的实践探索

1. 进一步转变观念，增强师生员工办应用型本科的意识

升本后不久，学校即在全校范围内开展了"由专科向本科转变、由师范型向多科型转变"的大讨论，引导教职工思维由原来的专科办学、师范类办学向本科办学、多科型办学的转变，以增强本科办学意识。在教育部本科教学合格评估后，学校根据专家组的意见，开展新一轮观念转变大讨论，紧紧围绕办应用型本科这一核心任务，深化对应用型人才培养的认识。通过聘请高等教育专家来校做讲座，选派干部到国内外高校交流认识，进一步解放思想，加深对高等教育办学规律和现代教育思想与理论的认识，促使广大干部更新思想观念，树立应用型人才培养理念，将先进的高等教育理念和办学思想内化为学校的办学指导思想，融入具体的教学和管理工作中去，提高学校应用型人才培养质量。同时学校还加强干部教育和培养工作，通过多岗锻炼、交流任职、下派挂职、上级调训、校内培训、学历提高、专家辅导、中心组学习等措施，积极引导干部加强理论和业务学习，激发创新思维，提高干部的理论素养和管理能力。对那些安于现状、进取意识不强的干部，加强教育培训，限期整改，实在不能适应工作需要的，坚决调离领导岗位。

2. 深入实施"双师型教师培养工程"，努力培养应用型复合型人才

为适应学校办应用型本科院校的思路，四川文理学院加大对双师型教师的培养和引进力度，鼓励教师走双师型道路。有计划地组织中青年教师到行业、企业参加生产实践和锻炼，熟悉实践教学，鼓励教师取得行业、职业资格证，提高专业技能和职业技能。对在实践教学中做出突出业绩和获得行业职业资格证书的教师，在年度考核、绩效工资分配、评先评优、专业技术职务晋升等方面给予一定倾斜。注重加大实验教师的引进、培养力度，鼓励校内有实践经验的教师加入实验人员行列。仅2013年就培养出"双师型"教师19人，引进、转化实验室人员4人。为弥补应用型专业教师的不足，学校坚持"不求所有，但求所用"的原则，重点实施引智工程，聘请有行业背景和实践经验的企业高技能人才作为外聘教师，不断充实实践教学教师队伍。在聘请外籍教师时也更加注重素质高和实践能力强，2017年学校共聘请了8名外籍教师，分别来自英国、美国和韩国。

3. 加强体现地方和学校特色的专业群建设

四川文理学院坚持以专业建设为龙头，以学科建设为支撑，以应用型人才培养为核心，增强专业建设与地方社会需求的符合度，体现学校在地方经济社会和文化发展中的价值。学校根据达州市经济社会发展的需要，强化专业建设与社会人才需求的有效对接，重点支持能源化工、油气加工与储运工程、机械工程、电子信息工程、文化产业和特色农产品加工、物业管理等地方产业行业需要的应用型专业。学校现已成功申办数学与应用数学、物业管理、化学工程与工艺、文化产业管理等四个专业为四川省综合改革试点项目，计算机科学与技术专业、机械工程专业获准四川省"卓越工程师教育培养计划"立项。

4. 深化课程体系和教学方法改革，突出人才培养的应用性要求

四川文理学院依据应用型人才培养目标，行业企业对人才知识、能力、素质的需求来设置课程体系，优化课程结构，整合课程资源，开发培养应用型人才需要的新课程。推动教学内容改革，适当削减基础知识的理论深度，精选整合教学内容，反映当下经济社会发展的新理论、新技术，增强应用能力培养。加强课程建设规划，加大优质课程建设力度，指导各专业构建体现本专业特点、富有生机活力的应用性课程体系，支撑应用型人才培养。加强多媒体课件制作和网络课堂教学平台的开发，引导教师在提高教学效果上下功夫，让现代教育技术在应用型人才培养中充分发挥作用。同时，学校还注重教学方法改革，调动广大教师参与教学方法改革的积极性，引导教师转变传统的教学观念，在课程教学设计上，探索项目式、案例式、启发式、参与式等教学方法，实验教学课程减少验证性实验，增设综合性和设计性实验，做到以"用"导"学"、以"用"促"学"，培养学生应用能力和探索创新精神。

5. 注重产学研用结合，助推应用型人才培养

四川文理学院在科研方面坚持"四个转变"：即由低级别项目向高级别项目转变、由单兵作战向群体公关转变、由注重基础研究向重视应用研究转变、由被动承担项目向主动服务地方转变，实现创新驱动发展、强化应用型研究、加强产、学、研结合，突出科研的社会贡献率，切实转变科研观念。积极引导广大教职工充分认识高校与地方社会发展具有共生性的特点，要有"区域有多大，校园就有多大"的开放视野，精心谋划、总体规划学校融入地方、服务地方的重点领域和区域，主动搭建与地方合作办学、合作育人、合作就业、合作发展的平台，在服务地方、互动发展中切实体现学校的办学定位。全面加强与政府、

行业企业的合作，主动对接地方产业发展，合作开办地方需要的专业或专业方向、合作制定人才培养方案、合作举办实践教学基地、合作培养合格人才、合作共建就业创业基地。四川文理学院成立了四川省哲学社会科学重点研究基地——四川革命老区发展研究中心、四川省高校重点实验室——特色植物开发研究重点实验室、四川省青少年文学艺术社科普及基地、基础外语实验教学示范中心、巴文化研究院等研究机构，搭建了高等教育研究所等20个科研研究平台，组建了移动平台应用技术创新团队等22个科研创新团队。组织、引导这些研究机构、科研平台和创新团队积极投身达州市创新驱动发展活动，强化市校合作机制，组建产学研战略联盟，为地方经济社会发展献计献策。在合作中强化了为地方服务的意识，增强了服务地方的能力，以服务获得了地方政府和行业企业的信任与支持，为学校拓展了更大的发展空间。

　　转型不可避免，帷幕已经拉开。新建本科院校转型是艰巨的过程，不可能一蹴而就，它必然伴随着阵痛。面对地方经济社会的迅猛发展对高素质应用型人才的巨大需求，面对我国高等教育大众化和四川高等教育普及化带来的激烈竞争，没有区位优势的四川文理学院，必须坚定信心，迎难而上，抓住机遇，开拓创新，努力实现由合格本科向地域特色鲜明、办学质量优良、服务地方经济社会发展的新型应用型本科转型，为加快西部新一轮大开发战略做出新的贡献。

川东地区红色资源在高校思想政治理论课中的应用

一、研究现状及研究意义

关于红色资源与大学生思想道德教育相关课题研究，目前国内有少部分学者进行过零星的探讨。四川省德育工作者很少有人涉及此领域，由此相关的研究成果显得更少。川东地区（含达州、巴中、广安）是全国第二大苏区-川陕革命根据地的中心地带，境内红色资源丰富，目前不少学校把一些革命遗址、纪念馆作为爱国主义教育基地，但仅仅是组织学生红色旅游，对于这些革命遗址、纪念馆所蕴含的革命精神、民族精神以及如何运用红色资源加强青少年的思想道德教育则很少有人进行理论上的探讨。理论研究的滞后与加强大学生思想道德教育的现实需求不相适应。

川东地区是老一辈无产阶级革命家邓小平、刘伯坚、张爱萍、王维舟、李中权、魏传统等的故乡，是全国第二大苏区-川陕革命根据地的中心地带，这里走出了威武雄壮的红四方面军和威震敌胆的华蓥山游击队，是四川省最大的红色资源富集区。利用红色教育资源对大学生开展思想道德教育，具有真实生动、感染力、震撼力、实效性强等优点。深入研究红色资源在大学生思想道德教育中的功用，探索红色资源在大、中、小学思想政治教育中的有效实践策略，可大大增强青年学生思想道德教育的实效性。

二、川东地区红色的土地蕴涵着丰富的红色教育资源

川东地区走出了威武雄壮的红四方面军和威震敌胆的华蓥山游击队；共和国的开国元勋徐向前、李先念、许世友等在此浴血奋战，从而使得这里留下了不少革命遗址。改革开放以来，川东地区各级政府修建了不少纪念园、纪念馆、陈列馆等，这些都是对大学生进行思想政治教育的生动题材。

1. 川东地区众多的革命遗址、纪念馆，已成为大学生思想道德教育的重要基地

在这些革命遗址、纪念馆中，具有代表性的有：达县石桥列宁街、刘伯坚

烈士纪念馆、张爱萍故居、王维舟纪念馆、万源保卫战战史陈列馆、川陕革命根据地博物馆、邓小平纪念园、华蓥山游击队遗迹、宣汉宏文校"工"字楼、达县梓潼石刻标语、红33军成立纪念碑、渠县苏维埃纪念馆、李家俊故居、通川区红军亭、巴山魂雕塑、战洪图雕塑、蒲家英烈园、四川文理学院老校区等。这些革命遗址和纪念馆，已经成为巴山地区红色旅游景点和进行革命传统教育、爱国主义教育的重要基地。

2. 从川东地区走出去的伟人、将帅以及巴山英烈，已成为加强大学生思想道德教育的生动教材

在川东这块红色的土地上，诞生了伟大的无产阶级革命家、中国共产党第二代领导核心、中国改革开放的总设计师邓小平，诞生了无数共和国赫赫有名的将军。川东游击军和红三十三军军长王维舟，被毛泽东亲笔书赠为"忠心耿耿，为党为国"。"神剑将军"、中华人民共和国国防部前部长张爱萍，以文武双全扬名军中。还有"暴动领袖、凛然就义"的李家俊、"秋收勇士，开国上将"的陈伯钧、"红军司令、魂留浙赣"的唐在刚、"井冈英雄、红军名将"的徐彦刚、"黄埔学子、坚贞不屈"的唐伯壮、"军委书记、血洒蓉城"的覃文、"县委书记、喋血洪口"的龚堪颜、"红军师长、冤死沙场"的蒋琼林、"红军师长、魂断故乡"的冉南轩、"'特务'队长、威名远扬"的雷玉书、"烈火上将、身经百战"的向守志、"军艺元老、巴山儒将"的魏传统、"哲学大家、省委书记"的杨超、"文艺先锋、民主战士"的绿蕾等大批战功卓著的将军、先烈和名人英杰。开国元帅徐向前、大将许世友、曾担任国家主席的李先念都曾在这里浴血奋战。这些革命先辈和英杰，永远值得巴渠儿女骄傲和自豪。

三、川东地区红色资源的特点及对大学生进行思想道德教育的意义

川东地区红色资源具有政治性、时代性、学习性、实践性、趣味性等特点。从政治性来看，川东地区红色资源所具有的厚重的革命历史内涵及其所承载的革命精神，是对大学生进行革命传统教育，开展思想道德教育的珍贵教材，可以达到"资政育人"的目的。从时代性来看，川东地区红色资源主要是红军长征时期和解放战争时期所形成的革命纪念地、纪念物及其所承载的革命精神，流传的革命故事。这些都是革命战争时代的产物，深深打上了时代的烙印，并汇集成巨大的精神财富传承下来，为一代代社会主义建设者提供取之不尽的精

神动力。从学习性来看，川东地区的红色资源都值得一游，这是一种新型的动态的学习方式，是寓教于游，寓学于乐，通过"游中学，学中游"，在润物无声中受到传统教育，可以在很大程度上避免课堂教育枯燥无味的说教和大学生对传统思想道德教育的排斥心理。从实践性来看，组织大学生就近进行红色旅游，是坚持政治理论教育和社会实践相结合，开辟第二课堂的有益尝试，它是一种体验式学习，是一种有目的性地接受学习、接受教育的体验行为。从趣味性来看，川东地区红色资源不仅表现为革命者苦中取乐的乐观主义内涵，更因其感染力、震撼力和冲击力引起人们的关注。在教育过程中，如果坚持"三贴近"原则，辅以"声、光、电"等高科技展示方式，就能以大学生喜闻乐见的方式，使一些枯燥无味的历史资料变得形象、生动和有趣。利用川东地区红色资源加强大学生思想道德教育具有三大意义，一是具有传承革命精神、净化思想灵魂的政治意义；二是具有弘扬传统文化、铸就创新精神的文化意义；三是具有鼓励大学生开发贫瘠红土，致富老区人民的意义。

四、川东地区红色资源拓展了大学生思想道德教育的新内涵

1. 理想信念教育

从川东地区走出去的伟人、领袖、将军、烈士们，都具有共产主义远大理想和坚定的信念，无论是在生死关头，还是身处逆境，始终对党和人民无限忠诚，视死如归，把他们的毕生精力奉献给了中国革命和建设事业。通过组织学生对他们事迹的学习和革命遗址的考察，可以坚定青少年的理想信念。

2. 道德人格教育

这些伟人、领袖、将军、烈士们，都具有高尚的情操和优秀的品德，他们光明磊落，襟怀坦荡，公道正派，求真务实，顾全大局，淡泊名利，每一个人身上都闪烁着道德人格光辉。

3. 党的宗旨教育

这些伟人、领袖、将军、烈士们，视人民为父母，热爱人民，体察民情，关心群众疾苦，把自己热血和生命献给了中国人民的解放事业，是当代青少年学习的光辉榜样。

4. 爱国主义教育

川东地区的各类革命博物馆、纪念馆、故居等，成了全国、省、市爱国主

义教育基地，成为发展红色旅游的主要载体。这些基地既见物、见景，又见思想、见精神，革命先辈们高尚的爱国主义情操和大无畏的革命英雄主义精神堪称大学生接受教育的鲜活教材和生动的课堂。

5. 艰苦奋斗精神教育

通过开展"重走红军路、重温入党誓词、重读红色书籍、重唱红色歌谣、重上红军课堂、重看爱国影片"，让大学生体验战争年代的艰苦生活，接受思想的洗礼。

6. 心理健康教育

通过对邓小平一生"三落三起"、张爱萍"两次入狱"、刘伯坚"舍生取义"以及他们革命乐观主义精神的学习，引导大学生培养良好的心理品质和自尊、自爱、自律、自强的优良品格，增强他们克服困难、经受考验、承受挫折的能力。除此而外，通过组织大学生参观邓小平纪念园，感受社会主义现代化建设的辉煌成就，加强党的基本理论、基本路线、基本纲领、基本经验教育和"致富思源、富而思进"教育；通过组织大学生参观张爱萍故居，感受张爱萍将军的军队建设思想，加强他们的国防教育；通过组织大学生参观王维舟纪念馆，感受王维舟民族团结思想，加强对大学生维护民族团结、反对民族分裂的教育。

五、四川文理学院利用川东地区红色资源加强大学生思想道德教育的探索与实践

四川文理学院是川东地区唯一的省属本科院校，利用红色资源加强大学生思想道德教育有着得天独厚的条件。近年来，学院认真贯彻落实中央和省委加强和改进大学生思想政治教育的文件精神，在加强和改进大学生思想政治教育方面进行了许多创新，特别是对利用本地和周边地区的红色资源加强学生的思想道德教育进行了积极探索，取得了明显成果。

1. 举办红色讲坛

让川东地区丰富的红色资源进入课堂是加强大学生红色教育的主渠道。近年来，学院有关专家、学者对川东地区的红色资源进行了大量研究，尤其在川陕苏区研究、张爱萍研究等方面产生了一批研究成果。通过举办红色讲坛，把这些研究成果介绍给学生，可加强学生的革命精神、革命思想、革命传统教育。

比如，李万斌教授为学生做的《巴魂雄杰，神剑将军——张爱萍将军人生足迹及其人格潜质价值研究》讲座，把张爱萍的人生奋斗历程分为数个阶段，指出张爱萍的人格潜质特征优异，集中表现为：自青少年始，敢作敢为，具有超常的果敢性；自青少年始，博闻强记，具有非常的聪慧性；从戎入武始，能文能武，具有突出的广适性；自投身革命始，无私无畏，具有惊人的刚毅性；领研"两弹一星"始，殚精竭虑，具有无比的执着性；自加入共产党始，赤胆忠心，具有彻底的坚定性。他认为，张爱萍人格潜质价值对当代大学生的启示是：将个人追求意愿与时代前进趋势相统一；将个人才干显现与集体力量聚集相结合；将个人智慧谋划与组织政策策略相协调；将个人名利荣辱与民族兴衰存亡相一致。孟兆怀教授为学生作的《张爱萍与四川文理学院》的讲座，概述了张爱萍中学时代在该院南坝校区进行革命活动的情况，并深情地回顾了张爱萍将军及其亲属对学院的关怀以及四川文理学院专家、学者对张爱萍的研究情况。除此以外，陈正平教授为学生作了《张爱萍将军的诗词创作》的学术讲座，侯忠明副教授为学生做了《论张爱萍书法艺术的乡子情结》的学术讲座，范藻教授为学生作了《风骨写春秋，气韵抒豪情——张爱萍将军"神剑诗歌"的美学特征》的学术讲座，阎耀辉副教授为学生做了关于川陕苏区方面的学术讲座。学院还邀请达州红军文化陈列馆副馆长肖万强作了《巴山之子——张爱萍》的报告，邀请了达州市地方志办公室邓高先生作了《张爱萍将军故居旅游开发的对策研究》的报告。这些讲座，在学生中产生了较好反响。

2. 创作红色歌舞

艺术来源于生活，同时又反映生活。四川文理学院作为一所位于革命老区的高校，该院音乐系的老师们创作了一批反映川东红色文化的歌舞，具有代表性的有张大鸣、杨荔等老师创作的舞蹈《大巴山抬工汉》，反映了老区人民不屈不挠、勇于拼搏的精神以及对美好幸福生活的追求，该作品在2005年全国第一届大学生艺术节中荣获一等奖。周先明、何凤先等老师创作的大合唱歌曲《红色歌谣不变调》，歌颂了红四方面军在大巴山区浴血奋战、不屈不挠的红军精神，在2005年四川省第四届大学生艺术节中，该作品荣获三等奖；由赵英、何元平等老师创作的女子小合唱《打双麻窝子送红军》，歌颂了革命战争年代巴渠人民踊跃支持红军的事迹，该作品在2008年四川省第五届大学生艺术节中荣获二等奖。这些作品多次在学院大型活动中演出，对学校的红色教育起到了积极的推动作用。

3. 制作红色视频

几年来，学院在办学经费比较紧张的情况下，投入 6 万元，制作完成《热土的呼唤》《为了这片红色的土地》光盘，集中展示了学院办学一百年，尤其是办高等教育三十多年所取得的成绩，展示了革命老区高校艰苦创业、负重前行的精神风貌。

4. 播放红色影视

以原达县师专中文系 77、78 级学生谭力、雁宁为代表的巴山作家群，近几年来创作完成了《女子特警队》《杀出绝地》《突出重围》《冰山上的来客》《远山的红叶》《江姐》等讴歌时代主旋律的红色影片，这些影片多次在中央电视台黄金时段播出，在全国产生了很大反响。在周末为学生放映这些影片，既可加强学生的爱校教育，又可使学生接受革命传统教育。为纪念张爱萍将军 100 周年诞辰，中央有关部门制作了《梦怀青萍——上将张爱萍》的电视连续剧，该剧在四川文理学院主页网"在线影视"中播放，成为加强学生爱国主义教育和国防教育的生动教材。

5. 组织红色考察

每年寒暑假，学院都组织学生到川东地区的革命遗址、纪念园（馆）参观考察，组织学生到边远农村支农、支教，帮助学生了解国情、民情、社情，接受爱国主义和社会主义思想教育。

6. 编写红色读本

四川文理学院组织院内专家编写了《川东地区红色教育知识读本》，该读本内容丰富，图文并茂。主要分为三大部分：一是对川东地区的大量革命遗址、博物馆、纪念园等进行介绍；二是对川东地区诞生的伟人、将军、英烈的生平事迹进行介绍；三是对改革开放和现代化建设中涌现出来的时代先锋如王瑛、向守牧等的事迹进行介绍。

7. 创办红色网站

学院党委宣传部创办了红色网站（http：//xcb.sasu.cn），该网站包括宣传动态、理论学习、形势教育、时代先锋、文明新风等板块，成为学院宣传红色经典、弘扬时代主旋律、讴歌党和社会主义的主要阵地。

参考文献

[1] 中国社会科学院邓小平理论和"三个代表"重要思想研究中心. 论生态文明[N]. 光明日报. 2004-4-30（3）.

[2] 徐晓宗. 试论生态文明及生态文明社会的构建[J]. 党史文苑，2006（2）：68.

[3] 周婷玉. 恶性肿瘤已成为中国城乡居民的首要死因[EB/OL]. 新浪网. 2007-05-08.

[4] 花明，陈润羊，华启和. 新农村建设：环境保护的挑战与对策[M]. 北京：中国环境出版社，2014：77，54-55，81，87.

[5] 蔡如鹏. 世卫组织称人类80%疾病与饮用水不安全有关[EB/OL]. 腾讯网. 2007-07-02.

[6] 漆雁斌，等. 生态农业建设的微观行为与政策调控[M]. 北京：中国农业出版社，2011：121，9，119，154-155.

[7] 熊清明. 资源环境保护与达州市城乡建设[M]. 成都：四川人民出版社，2009：155，35，40，50，155.

[8] 中央6大媒体聚焦我市"三村建设". 达州新闻网 www.dzgdnet.com 2006-03-24.

[9] 蔡文华. "三村建设"是党的先进性建设最管用的长效机制[N]. 达州日报，2006-08-04.

[10] 中共渠县县委组织部. 新观念催生新举措 新举措带来新变化[N]. 达州日报，2006-03-03.

[11] 江海霞，陈雷. 创新老年产业发展与深化居家养老服务[J]. 特区经济，2010（06）.

[12] 曾海雪. 我国城镇居家养老问题研究[D]. 天津：天津财经大学，2010.

[13] 莫广礼. 人口老龄化对我国劳动力供求和经济影响的分析[D]. 广州：中山大学，2009.

[14] 卢元. 论老龄化过程中我国城镇职工养老保险的可持续发展[J]. 人口学

刊，2000（04）.

[15] 顾锦林. 我国养老金缺口原因及对策分析[J]. 改革与战略，2013（2）.

[16] 王辉. 加快中西部地区民办养老机构发展研究——以四川省达州市为例[J]. 社会保障研究，2011（5）.

[17] 全微. 浅谈从老年人需求看我国老龄化的对策[J]. 人口问题研究，2010（08）.

[18] 周薇，郭爱妹. 人口老龄化的挑战与我国养老机制的选择[J]. 社会保障研究，2010（09）.

[19] 张松. 中国人口老龄化背景下的养老保险研究[D]. 长春：吉林大学，2009.

[20] 晏月平，廖炼忠. 中国人口老龄化对经济社会发展的影响及应对策略[J]. 山西师大学报（社会科学版），2010（03）.

[21] 胡月. 基于老人养老意愿与需求的居家养老体系构建[J]. 人口与计划生育，2009（09）.

[22] 蔡昉. 提高全要素生产率应对"未富先老"[N]. 中国人口报，2011.

[23] 林宝. 张妍. 中国人口老龄化存在的问题及应对策略[J]. 社会工作（下半月），2010（09）.

[24] 刘颂. 城市老年人群精神需求状况的调查与研究[J]. 南京人口管理干部学院学报，2004（1）.

[25] 马彦. 二十年后的养老模式研究——基于青年"赡养观"及其父母未来"养老观"的调查角度预测[J]. 苏州科技学院学报（社会科学版），2009（11）.

[26] 李兵，张恺悌. 关于基本养老服务体系建设的几点思考[J]. 新视野，2011（01）.

[27] 姚远. 血亲价值论对中国家庭养老机制的理论探讨[J]. 中国人口科学，2000（12）.

[28] 徐寒冰. 北京市居家养老社区服务的问题与对策研究[J]. 现代企业文化，2010（5）.

[29] 王辉. 探索以社区为中心的现代养老机制[J]. 老区建设，2008（04）.

[30] 袁霞. 以社区为依托，创建新型的养老模式[J]. 经济与社会发展，2007（10）.

[31] 张晓青. 以房养老模式在我国的可行性分析研究[J]. 现代商贸工业，2007（11）.

[32] 王艳芳，冯志涛. 城市社区居家养老需求供给影响因素分析[J]. 合作经济与科技，2009（06）.

[33] 中共中央党校省部班调研组. 加快建立健全我国养老服务体系[J]. 中国党政干部论坛, 2011（03）.

[34] 贺银凤, 周英华. 我国老龄照料服务体系面临的挑战[J]. 人口学刊, 2009（07）.

[35] 张琪. 居家养老及养老服务体系构建的理论与实证研究[J]. 首都经济贸易大学学报, 2011（09）.

[36] 陈功, 宋新明, 陈谊, 等. 北京市老龄产业发展现状、问题与对策研究[J]. 市场与人口分析, 2004（9）.

[37] 王振耀. 中国亟须建设现代型国家养老服务系统[J]. 社会福利, 2009（12）.

[38] 李立国. 积极贯彻优先发展方针 加快构建适应老龄化的社会养老服务体系[N]. 中国社会报, 2010.

[39] 刘晓梅. 中国社会养老保险制度中企业缴费负担分析[J]. 长春大学学报, 2011（10）.

[40] 张本波. 中国多支柱养老服务体系发展的框架和思路[J]. 社会福利, 2008（11）.

[41] 柴效武. "以房养老"再试水[J]. 时事报告, 2013（10）.

[42] 魏一, 张秀芳. 政府在老龄产业中的地位和作用[J]. 西北人口, 2001（2）.

[43] 冯永华. 我国老龄产业发展问题与对策研究[J]. 经济研究导刊, 2011（35）.

[44] 张梅. 我国老龄产业发展问题探究[J]. 中共云南省委党校学报, 2012（13）.

[45] 胡晓微, 夏敬哲. 老龄产业发展中存在的问题及对策[J]. 产业与科技论坛, 2010（9）.

[46] 逄晓婷. 中国老龄产业的现状与对策[J]. 经济学研究, 2010（12）.

[47] 陈英. 中国老龄产业发展路径探析[J]. 社保之窗·社保论坛, 2011（2）.

[48] 伏绍宏, 李俊霞. 四川省人口老龄化及老龄产业发展态势及对策研究[J]. 理论与改革, 2012（4）.

[49] 张梅. 探索我国老龄产业发展之路[J]. 现代管理, 2012（7）.

[50] 达州市人民政府. 达州关于老龄事业发展"十二五"规划[N]. 达州晚报, 2012.

[51] 达州市人民政府. 达州市人民政府关于加快发展养老服务业的实施意见[Z]. 达市府发〔2014〕24号, 2014-10-20.

[52] 四川省人民政务网. 达州市养老服务设施缺口大[EB/OL]. http://www.sc.gov.cn/10462/10464/.

[53] 阎青春. 我国养老保障体系现状与展望[J]. 中国国情国力, 2012（09）.

[54] 中华人民共和国国务院. 国务院关于印发中国老龄事业发展"十二五"规划的通知[Z]. 国发〔2011〕28号，2011-09-23.

[55] 四川省人民政府. 四川省老龄事业发展"十二五"规划纲要[N]. 四川日报，2012.

[56] 闫兴国，吴明印."十二五"规划：老龄事业的新高度[J]. 中国社会工作，2011，（29）.

[57] 新玉言. 新型城镇化模式分析与实践路径[M]. 北京：国家行政学院出版社，2013.

[58] 张占斌. 新型城镇化的战略意义和改革难题[EB/OL]. http：//theory.people.com.cn/n/2013/0730/c217905-22382404.html.

[59] 钱玉英. 城镇化背景下的基层治理：中国的问题与出路[J]. 苏州大学学报（哲学社会科学版），2008（5）.

[60] 王习明. 城乡统筹进程中的乡村治理变革研究[M]. 北京：人民出版社，2012.

[61] 彭澎. 追求善治的社会治理机制[EB/OL]. http://www.oeeee.com/a/20110822/1011621.html.

[62] 殷昭举. 社会治理如何"转型升级"[EB/OL]. http：//www.qstheory.cn/sh/shtzgg/201109/t20110902_107501.html.

[63] 王建军. 关于推进乡镇行政体制创新的思考——建立精简、统一、效能的政府[J]. 中国发展观察，2010（3）：035.

[64] 蒋继春，汪东旭. 巧搭"点将台"选好"领头羊"——四川大竹县创新"两定四选"开展村（社区）党组织换届试点纪实[EB/OL]. http：//dz.newssc.org/system/20130621/001097442.html.

[65] 人民网-理论频道. 四川大竹："三同"模式创新农村基层党组织设置[EB/OL]. http：//theory.people.com.cn/GB/40537/11012282.html.

[66] 郑士源，徐辉，王浣尘. 网格及网格化管理综述[J]. 系统工程. 2005（3）.

[67] 赵文欣. 统筹城乡发展探索——解析成都模式之邛崃实践[M]. 成都：四川人民出版社，2011.

[68] 胡锦涛. 坚定不移沿着中国特色社会主义道路前进 为全面建成小康社会而奋斗[N]. 人民日报，2012-11-18.

[69] 李重华. 抓住基层党建的关键环节——机关党建[J]. 探索，2010（6）.

[70] 卫建林. 党的历史是形成和完善群众路线的历史[J]. 中国社会科学，2011（4）.

[71] 新华网. 习近平会见李林森先进事迹报告团全体成员[EB/OL]. http://news.xinhuanet.com/politics/2011-09-27/c_122097084.html.

[72] 王珉. 寻根中国共产党的伟大精神[N]. 人民日报，2011-06-07（7）.

[73] 盛若蔚. 李林森的三个为什么——一个基层组织部长引发的思考[N]. 人民日报，2011-12-18（4）.

[74] 盛若蔚. 生命之火——一个组织部长的无悔人生[N]. 人民日报，2011-09-22（1）.

[75] 周英峰，任硌. 追寻伟大背后的支点——李林森先进事迹启示录[N]. 达州日报，2011-12-19（4）.

[76] 本书编写组. 庆祝中国共产党成立90周年胡锦涛同志七一重要讲话辅导读本[M]，北京：学习出版社，2011（11）.

[77] 2013年全国教育事业发展统计公报[N]. 中国教育报，2014-7-5.

[78] 地方高校转型发展实践与政策研究报告[R]. 应用技术大学（学院）联盟地方高校转型发展研究中心，2013.

[79] 夏建国，易丽. 地方本科院校转型发展之路[N]. 中国教育报（高教周刊），2014-4-21.

[80] 赵长城. 地方高校发展若干问题的思考[M]. 北京：中国经济出版社，2012.